白居易 传

长恨春归无觅处

言诗语 著

江苏凤凰文艺出版社
JIANGSU PHOENIX LITERATURE AND
ART PUBLISHING

图书在版编目（CIP）数据

白居易传：长恨春归无觅处 / 言诗语著 . —— 南京：
江苏凤凰文艺出版社，2023.8

ISBN 978-7-5594-7756-9

Ⅰ.①白… Ⅱ.①言… Ⅲ.①白居易（772-846）-
传记 Ⅳ.① K825.6

中国国家版本馆 CIP 数据核字（2023）第 085264 号

白居易传：长恨春归无觅处

言诗语　著

责任编辑	王昕宁	
策划编辑	李　根	
特约编辑	连　慧	
装帧设计	天下书装	
责任印制	刘　巍	
出版发行	江苏凤凰文艺出版社	
	南京市中央路 165 号，邮编：210009	
网　　址	http://www.jswenyi.com	
印　　刷	三河市春园印刷有限公司	
开　　本	880毫米×1230毫米　1/32	
印　　张	8.5	
字　　数	169千字	
版　　次	2023 年 8 月第 1 版	
印　　次	2023 年 8 月第 1 次印刷	
书　　号	ISBN 978-7-5594-7756-9	
定　　价	49.80元	

江苏凤凰文艺版图书凡印刷、装订错误，可向出版社调换，联系电话 025-83280257

人间四月芳菲尽，山寺桃花始盛开。

长恨春归无觅处，不知转入此中来。

——《大林寺桃花》

七月七日长生殿，夜半无人私语时。

在天愿作比翼鸟，在地愿为连理枝。

天长地久有时尽，此恨绵绵无绝期。

——《长恨歌》（节选）

目 录 contents

序　言

潇潇暮雨，叶落长河。偶然撷取一片，踏入茎脉斑驳的深秋。

时局动荡，苍生深陷在水深火热之中。他一身肝胆，携光而来，璀璨了整个黯淡的星空。

他，便是五百年才出一人的白居易。

他，年少有诗才。谦恭上进，翩翩风流。五六岁时学为诗，九岁（全书年龄统一用虚岁表述）谙识声韵，十五六岁时始知有进士，苦节读书。

岁月悠悠，硝烟开遍。这一程，几许惆怅，恰似江水向东而流。他生于新郑，动荡中迁居徐州符离，又转越中避难。几番飘零，兄弟皆分散，漂泊在天涯。

所幸，居越中时有缘识得顾况，少年的诗才大放异彩。

所幸，他有的是一腔孤勇，二十岁以来苦读不辍，口舌生疮，手肘成胝，也毫不懈怠。

所幸，有静女湘灵相守，艰苦的日子有了一丝温存，兼济天下的宏愿也因爱而笃定。

可，岁月凉薄，离离的草满是别情。为了湘灵，为了天下苍生，他必须走，去追寻长安的海阔天空。

这时的他，心怀凌云志，儿女情渐渐沉眠于心中。

终于，在慈恩塔下闻名于世，十七人中最为年少。与湘灵匆匆别后，帝都成了他追寻的梦。往后余生，那个女子的等待成了一个人的自作多情。再见时，女子孑然一身，他老泪纵横，相看时痛不欲生，却只能任她在自己的生命中远去。

原以为登仕便可大展身手，孰料，科考严苛，品阶不足，只能应吏部再进行拔选。不过，他勤敏有加，天资聪颖，终在"书判拔萃科"中及第。同时，还认识了一生的至交元稹。

这时的他，意气风发，率直而为，闲来与友把酒言欢，游于山水之间。

宦海沉浮，并非再次及第便能一生无忧，大有作为。没有机会时，便自创机会。所以，他顺势备考制举，与元稹等十八人一同登第，授周至县尉。在任上，他见百姓受赋税之苦作《观刈麦》，自愧难当。

而后，喷薄的济世情怀彻底拉开了闸门，每在午夜时诉诸笔端。他响应元稹、李绅，作《新乐府》，后又作《秦中吟》。朝堂上，他不惧权威，上疏直言，作《论制科人状》，极言贬谪不当。他批驳宦官，连上三状申冤，救受辱于宦官的元稹，却遭贬京兆府户曹参军。

一心为民，一心为君，屡遭贬黜，可他济世的心从未泯灭。江州任上，以诗为寄，作《琵琶行》。转迁忠州，"整顿地方行政，宽刑均税，奖励生产"，率众种花栽柳。时年贤治中州，声名显赫。

走着走着，他形影渐瘦，疲惫不堪。他实在倦了，欲抛官安身草野，做个闲人。他，终究也是一个寻常之人。

然而，寻常中笃定的那盏灯一直在，刻于骨，融于血，只待火焰燎原而来。

于是，随缘南去，在杭州任上游山玩水，看烟柳画桥，十里荷花。鬓发苍然，心却浩然如初。到任后修堤，疏通城中六井。自别钱塘山水，在苏州刺史任上又修建"七里山塘"，开虎丘一带的山路，在堤岸种植桃李。

月色朦胧，杏花疏影，长空万里下，清光照进了千家万户。

而后，他深知大唐岌岌可危，朝纲混乱，京师并非良地，并非宏愿实现之所。既然人间事难了，那自己便做了事人。所以，他屡次告病请辞，在致仕与请辞中几经流转。直到七十二岁那一年，任刑部尚书，才得半俸。

老当益壮，是美好的理想蓝图。他老了，只得卖马，遣散家伎，了此残生。可他，心气还在，壮志犹存，还在用最后一丝气力广施家财，集资开凿龙门八节石滩，疏通航道。

轻轻地，他走了。时年七十五岁，葬于香山东北。

他长眠于此，没有先兄弟元稹、刘禹锡、裴度等而死，是他的幸运。他是深情、心怀天下之人，又怎忍心他们为自己伤心！只是，那个等了他一世的女子，他终究负了……

时代风云诡谲，诗心亘古不改，风骨永存。

多年后，有个叫杜牧的诗人，一身素衣，翩翩而来。无限山河，物是人非，他接过白居易的笔，在烟雨寒江中泼墨，喃喃哀叹。

　　在我看来，白居易是落入凡尘的救世者，是积极奋进的平凡人，是历经悲欢离合的苦难者，是屡遭宦海沉浮的修行家，也是人事难了白了结的智者……

　　天才与凡人，皆寄于宇宙自然之中。人生苦多，每一步都如履薄冰。但是，只要心有所爱，心有所忠，素心不改，万般苦难终在坚守与执着前不攻自破。临了时，便可说"岁月凉薄，从未辜负"！

　　白居易，让我看到了天才的局限性，也让我看到了普通人的可能性。写他，实属我的荣幸。

言诗语

2023 年 3 月

第一章
离离原上草

活着，就要像青草一样呼吸。

野火烧也烧不尽。

即便化为灰烬，也要在来年春天发芽，然后重生。

滚滚红尘，悲欢离合，只此一眼便是漫天星辰。

然而，回眸并不比转身容易。

遇水而生

万般皆是缘，遇之，即是命之。

星河点点，掬起一抔黄土，穿越千年的月，遥望亘古的历史脉搏，以及透明的哀伤。

每个落入凡尘的肉胎都该被铭记，像记住一条河、一座山的名字。恰巧，白居易正生于山川蔚然深秀的新郑。

回眸，撷取一片红叶，任潺潺的东水远去。峰回路转间，白锽举家便款款来到了城西的东郭宅村。村落被山川环绕，青林翠竹，在日月下熠熠生辉。遗憾的是，这里地势低洼，容易积水为患。

缺憾是必然，一如朗朗明月，又如从枝头飘落至泥沼被碾作尘埃的落红。

提及白家，当然要追溯到战国时期的楚国公后代。岁月长河，泛起层层涟漪，始终涤荡着白家人的心。

战争之下，刀光剑影，金戈铁马，天地混沌不堪。楚国的太子经纷争流转至郑国，悄然在异乡落了根，生了芽，蔓延处便开了雄奇的花。这朵花，自白乙丙而起，因白起而发出灼灼的红。

一荣俱荣，一损俱损，时代的洪流总是如此。作为威名显赫的武将，的卢飞快，鲜衣怒马，获封武侯君，风光一时无限，却也逃不掉被奸人陷害至死的厄运。

一身桀骜，零落成泥；拳拳忠心，是否能唤醒遗忘的心？午夜梦回，大雁南归，清冷的余晖缓缓泻落，转过朱阁，照亮了始皇满腔的愧怍。可人已成孤魂，便只能加赐予后代，承恩荫庇，以补生时的亏欠。

就这样，白家得以节节高升。当时，白起的二十三孙白邕做过太原太守，白邕一下的五世孙白建做过北齐的五丘尚书。汉文有道，始皇的恩德化作韩城寸寸的疆土，护佑着白家子弟。

一方水土，养一方人；一脉血统，养一脉人。武将白起身上汩汩涌动的血液，渐染在白家儿郎的心间，朵朵绚烂。白建的曾孙白温，做过本朝的朝散大夫。而白居易的祖父白锽，恰是白温的第六子。

《太原白氏家状二道》中记载："诗人祖父白，幼好学，善属文，尤工五言诗，集十卷，年十七，明经及第。"

白居易的父亲，名白季庚，是白锽的长子，为官清廉，疾恶如仇。仰首看天，那样澄净，蔚蓝处却总被浮动的云烟裹藏。一丝丝，一缕缕，看不分明，无从知晓。命运如激流，似云烟，掌控不了，有时连埋怨的资格也没有。

白居易的母亲白陈氏，虽为续弦妻子，却也是白季庚手心的宝。老夫少妻，闲时看月，忙时添香，举案齐眉，岁岁朝朝。

天有不测风云，云卷便可倾覆浪潮，乱石拍空。大历七年（772年）正月二十日，乌云密布，风卷长云，一场暴雨顷刻袭来。水患迫在眉睫，白锽的儿媳偏偏在此时要生了。一声孩童的啼哭，划破了昏暗的天际，照亮了这曾养育轩辕黄帝的故里。

据《史记》记载："轩辕之时，神农氏世衰，诸侯相侵伐，暴虐百姓，而神农氏弗能征。于是轩辕乃习用干戈，以征不享，诸侯咸来宾从。"后杀蚩尤，伐神农氏，顺应天地规律，播种百谷草木依据时节，有土地祥瑞，号称黄帝。

遥想当年，豪杰如轩辕，气壮山河。白锽望着襁褓中嗷嗷待哺的小孩，念及举家迁此的惊险，要居此，实属不易。起名"居易"，望日后可保其有安稳的落脚之地。不过，白锽终是出身官宦，这两个字自然也有出处。

《中庸》里说："故君子居易以俟命，小人行险以侥幸。"居安稳处，往往能独善其身。居安心处，韬光养晦，顺应天命，这才是大智慧。

时代的浪潮滚滚而来，波诡云涌之际，藩镇割据愈演愈烈，战火不知何时也将燃烧到新郑。居安当思危，当无法以人力抵抗时，寄托于理想不失为一种最好的安慰。

回眸，看逝去的东水洗去沧桑下的沉重，初生的春林茂盛，蜿蜒曲折处，浮现了新的生机。

历史，永远不会落幕。

人生，还要继续沿着斑驳的脚印，一步步攀爬。

此时此刻，无论如何，雁过留声，该铭记的终究会记得。
多年以后，当顾况说出那句"长安米贵，居大不易"时，不知
白居易的心中是否心如朗月，秉持如初！

溱洧有诗才，恣意且安然

生，不过是刹那芳华；死，不过是浮光掠影。

死生之间，隔着一条若隐若现的长河。大河上下，沧桑巨变，无需思量，苍茫间顷刻天上人间。

白居易生于唐代宗大历七年（772年），恰是正月二十日。

红尘滚滚，林花谢了春又红。是年，坐看云起时的王维，于十一年前卒。仗剑天涯、衣袂飘飘的"诗仙"李白于十年前卒。而"诗圣"杜甫，零落成泥，于两年前也消散如烟了。

似乎，这是一个坏的时代，可好像也是一个好的时代。

一代文豪韩愈，先白居易而生，多饮了五年的寒露。寒凉入骨，风霜凛凛，却也造就了一腔孤勇，纯粹而无畏，至情而刚正。刘禹锡与白居易同年生，遇秋不说愁，步履所至皆是春。元稹、贾岛，比白居易稍小，深秀藏于林，隐于月，烟云的尽头闪烁着熠熠的光辉。

是年，李绅与刘禹锡出生，令狐楚五岁，张籍七岁，裴度八岁，李绛九岁，孟郊二十二岁。七年后，至交好友元稹出生，贾岛亦是。十八年后，"诗鬼"李贺也出生了。

泱泱盛唐，盛下了"李杜"，盛下了"诗佛"，万千气象，风月有余，沉浮中回荡着鲲鹏展翅的雄姿。

而今，繁华落尽，刹那的转身，衣袂飘飘，陌上寂寂地伫立，不言不语，遗世而独立。

原来，落幕的只是那时、那地的具体的人。而从不落幕的是下一刻、下一站永远在路上的绝世灵魂。蓦然回首，灯火阑珊，草木有心，杯酒有情，款款镌刻了一段传奇。

白居易的祖父白锽，十七岁以明经及第，是名副其实的翩翩才子。父亲白季庚同出身明经，外祖父陈润亦是。母亲陈氏，出身于书香门第。还未降生，便已是风华加身。

新郑郊外，溱水与洧水汩汩向前。尚在襁褓之中的白居易，似乎遗传了先辈优良的基因，抑或是侵染了溱洧之水的文艺气息，早早地便有了识字的能力。

六七个月时，白居易最早能准确认出的是"之""无"二字。当母亲陈氏将他抱到书屏之下时，有人教这二字，虽不能言，但早已默记于心。而后，每当有人问起，即便试验多次，他都能以手指认，从未误判。

春风落入罗帏，瓶梅摇曳生姿。冬去春来，石破天惊般揭开了三月的面纱。"神童"之名，自此散向了整个新郑。

可就在白居易两岁时，祖父白锽去世了。生者，刚窥得黎明的一丝曙光。死者，恰遁入黄土，下了黄泉。痛心之余，白季庚踏上了他的丁忧之路，白居易也开启了他光辉灿烂的学习之旅。

父不在身侧，为母则刚。据白居易在《襄州别驾府君事状》中记载："又别驾府君即世，诸子尚幼，未就师学，夫人亲执《诗》《书》，昼夜教导，循循善诱，未尝以一箠一杖加之。十余年间，诸子皆以文学仕进，官至清近，实夫人慈训所致也。"

岁月温柔，泻下了波光粼粼的光。清风微抚，荡开了一个人的胸襟与气量。春风化雨，润物无声，小小的少年郎在爱的土壤里开出了一朵奇异的花。

时光流转，斗转星移，悄然间，白居易已经五岁了。如今的他，对吟诵诗词及对对子颇有自己的见解。

一日，白居易与伙伴们前往山中游玩。正值中午时分，饥饿难耐，需烧火做饭才行。但是，伙伴们养尊处优惯了，谁也不愿做饭。思忖间，白居易提议以对对子来决定做饭人选。少顷，白居易便说出了一个对子："水水山山处处明明秀秀。"未等他人出口，他随即又说："这个对子，倒过来念是：秀秀明明处处山山水水！"

霎时，这个对子难住了一众伙伴。白居易见状，随即便道："奇奇好好时时雨雨晴晴。"一时间，伙伴们瞠目结舌，烧火做饭的事迎刃而解了。

据《与元九书》记载，白居易"及五六岁便学为诗"。《白氏长庆集》序也记载："读书勤敏，与他儿异，五六岁识声韵。"

秀美山川，潆洧水静静流淌。闲暇之际，看青山苍翠欲滴，曲径通幽处树林阴翳。伴着野芳的幽香，步履所及，扬起的诗篇不息。目之所及，天与云、山、水，浑然一体，倒映出了少年翩翩的模样。

无忧，也无虑。有情的世间，正一字一句拼凑属于自己的年华。

冰消雪融，草长莺飞，灼灼桃红开遍山野。饮清露，迎着清风明月，远望大地苍茫。转眼，已到了唐德宗建中元年庚申（780 年），唐代宗李豫驾崩，太子李适即位。此时，白季庚授彭城令，白居易已经九岁了。

据《与元九书》记载，白居易"九岁谙识声韵"。此时的他，见识多了几分，学识与日俱增。陈氏见孩子如此聪慧，不免又增了几分期冀。于是，她去信给父亲陈润，特请来教导他的小外孙。

山水迢迢，江船渔火通明，野旷之下，更深露重，寒凉倍增。心中所向，纵是崎岖蜿蜒，轻舟也已轻盈地驶过了重重山峦。蒹葭苍苍，上下求索，远方有所思，有人在盼，有人在等。

几更风霜，几更雨雪，一切期盼与期冀，终换来了值得。陈润为人豪爽，好诗词歌赋。平日中，他最喜欢给白居易讲李白、杜甫，还有陶渊明。文人雅士，鸿鹄之志，济世安邦，一一烙刻在了小小少年郎的心间。几番教导下，白居易吟诗的能力可谓争高直指。

亲人在侧，暖阳柔和，幽情脉脉，温柔岁月，染红了春天，绿满了山川、河流。良师在侧，亦师亦友，高山流水，巍巍间心灵相惜，声声振林木，流云似也停滞了脚步。

或是上天赐予的机缘，就连白居易自己也说"仆宿习之缘，已在文字中矣"。于是，循着这份恩赐，他渐行渐远，在田埂间探寻诗歌的方向。

据宋代惠洪在《冷斋夜话》中记载，白居易每次写诗后，便问老妇人能否听懂。能听懂，便录之，不能，便立即更改。

读书、吟诗，有山的清朗，水的静澈，母亲的温柔，外祖父的悉心教导，街坊四邻的声声赞誉。日子清甜，荡漾在隐隐的池塘，撑开了朵朵的白莲。

小娃撑小艇，偷采白莲回。

不解藏踪迹，浮萍一道开。

这是白居易所作的《池上二绝》其二，通过简洁、疏淡的文字，把一个活泼、天真、可爱的孩童刻画得惟妙惟肖。

童年之际，年纪尚小，也无所顾忌。小小的身躯，撑着小小的扁舟，池塘多田田的荷叶。他隐藏其中，尽情偷采可爱的白莲，自以为有了荫翳便可无人发现。岂料，当小小的扁舟缓缓划过，浮萍一一荡开，荷叶微微颤动，小小的人儿便已泄露了影踪。

清风明月，惬意悠然。所遇，皆是善缘。如果时光可回头，停留在最初，便是世间最大的幸福。可一切终要如镜花水月，匆匆而逝。白居易十岁时，陈润悄然而去。一抔黄土，最终掩埋了所有的风流。

新郑，这方风水宝地，承载着白居易的少小诗才，留存着他的悲欢离合。岁月如流水，光景宛如昨日。

那时，茅屋两三间，梅树荫前院。

那时，高枝鸟啼，小川鱼闲。

那时，一片闲情，恣意而为，自在安然。

滚滚红尘，乱世漂泊

茫茫红尘，有人安稳，有人漂泊如尘。

人世间，几许欢乐，几许悲伤。纵是安然，暗流一旦涌动，顷刻惊涛骇浪，天崩地裂。

白居易八岁（779年）时，太子李适以唐朝第十位皇帝登基。当年的太子，也曾意气风发，携手大将郭子仪讨伐安史余孽。即位后，是为德宗，次年改号建中。

江山不改，苍翠如初。悠悠绿水，自相东去。新郑里，安然喜乐，有桃花红、菜花黄，以及李花白。可外面，早已草木丛生，满目疮痍。

建中元年（780年），白季庚由宋州司虎参军转任徐州彭城县令。徐州，作为兵家的必争之地，自然少不了节度使驻守。是年，驻扎在此的是李纳，他的堂叔父是徐州刺史李洧。建中二年（781年），削藩战争正式拉开了帷幕。是年六月，朝廷讨伐魏博节度使田悦失败，便派遣淮宁军节度使李希烈联合各路大军讨伐襄阳节度使梁崇义。一时，戌鼓不断，四面边声接连而起。只见，孤城紧闭，硝烟弥漫，哀鸿遍野。

这就是战争。

余晖倾泻，清冷无光。一个个挣扎爬起，又倒下。战马嘶吼，红棕的毛发随风竖起，正等待着远方的救赎。

就在战争如火如荼地开展时，李纳竟然投靠了梁崇义，并不惜派两万重兵围攻徐州浦口。白季庚见状，立即劝说李洧一致对外，并征集民众千余人，亲自带兵守城。这一守，就是四十二天。在生死存亡之际，白季庚用生命和意志鼓舞着民众，坚守之下，终于大破敌军，力保了城池不失，再也不敢东窥江淮了。

削藩是德宗的一大心病，此次战报告捷，自然喜不自胜，当即擢白季庚为徐州别驾，并赐绯鱼袋。这次升迁，距离任徐州县令不过一年时间。

建中三年（782 年），秋风萧瑟，洪波涌起。李希烈、田悦、李纳等各个拥兵自立，藩镇割据愈演愈烈，战火已烧到了新郑。白季庚眼看如此，即刻决定将家人安顿在符离乡下。

作为沧海中的一粟，若天地之蜉蝣，白居易纵是才高八斗，也不过是肉眼凡胎，抵不过时代洪流的巨变，天道自然的规律。于是，他顺着洪流正式开启了乱世的漂泊之旅。

符离古镇，是兵家常争之地，处于淮北、江苏徐州及安徽宿州之间（今属安徽宿州市埇桥区）。这个地方史上有名，北有离山，地产符草。起初建于周朝，战国时期属于楚国，到了秦朝，因秦始皇推行郡县制而成县。唐贞观五年（631年），符离五学子同考中了进士，一时让此地声名大噪。

山水一程，风雪一更。回首来时的漫漫长路，遥望前方不可揣测的未知，无论如何，既来之，则安之。"生长在荥阳，少小辞乡曲。迢迢四十载，复向荥阳宿。去时十一二，今年五十六。"当年的白居易，十一二岁时离开了故乡新郑，再回来时，已是两鬓斑白了。

人这一生，不知要经历多少离别。或许，朝而往，暮而归。又或者，此经一别，山长水阔，晓风残月，不知归期何日了。偶然清风荡起圈圈涟漪，念起处于颠沛流离中的百姓，不觉心生万般感慨。此刻，不过是小小的少年，如浮萍般飘零，见惯了饿殍哀鸿，为百姓立命的念头萌芽，悄然在午夜梦回中不断逡巡。渐渐地，寸寸深入，不知不觉地生了根。

离别，已无选择，心安处是吾乡。何况，身旁还有一直陪伴自己的母亲。万物可变化，但若此心不移，依然可以领略青山的可爱、流水的澄明。每日晨起，推开门窗，只见旭日照常升起，燕鸟齐鸣，花明柳绿，偶尔听得几声犬吠，有邻客款款而来。即便，红尘纷扰不停，或孤身立于庭院，只要诗心不灭，诗意便可长存。

在符离，白居易最爱流连驻足的是流沟寺，有诗《题流沟寺古松》为证。

烟叶葱茏苍麈尾，霜皮剥落紫龙鳞。

欲知松老看尘壁，死却题诗几许人。

从远处望去，寺庙周围竹树环合，林木蔚然而深秀，枝叶
葳蕤，争高直指。往近了看，剥落的树皮如霜，苍苍老朽状。
流沟寺内，暮鼓晨钟，鸟鸣清涧，风起遍地黄叶，扫帚所到之
处，翩然自在。来了，也不用刻意探寻，静谧就在禅院之中。
偶尔有兴致，信手翻阅起经书，僧人往来不绝，临风而立，禅
音在耳畔回荡着，无边的落木萧萧而下。

静听林叶之余，寂静中也深感乱世之艰，那颗敏感的心也
随之跳动。

后来，白居易在《乱后过流沟寺》中这样写道：

九月徐州新战后，悲风杀气满山河。

唯有流沟山下寺，门前依旧白云多。

战乱之下，肃杀席卷了整片大地，马革裹尸，生灵涂炭。

越是处于泥沼之中，越想要寻求一方净土，安放疲累的心
灵，寻求一丝曙光。

落花成泥，芳草衰残，目之所及，所幸还有寺下尚存的

生机。

当时，白居易一家在符离的朱陈村相聚，但日子并非像想象般安宁。自德宗改号建中开始，为了削藩增加中央财政收入，便废"均田制"，改"租用调"赋税，行"以亩定税，敛以夏秋"之"两税法"。政令推行后，各路藩镇首领彼此勾结，穷兵黩武以抗击中央。

那边战火纷飞，这边硝烟又起。

活着，是人之本能。然而，人不能只是苟且地活着，还得爱着点什么，学点什么，正如旭日东升照亮苍穹，恰似光阴对草木的深情。符离，虽人杰地灵，但战乱之下已非安居求学的好去处。

念及此，白季庚决心送白居易去越中（浙江一带）。

越中，在唐代被称为越州，治所在浙江绍兴府。自唐以来，这个地方多文化名流，经济又发达。顾况曾说："安禄山反，天子去蜀，多士奔吴，为人海。"可见，"安史之乱"后，战火纷飞，北方民不聊生，而江南安定，士人多来此避难。多年后，白居易也在《吴郡诗石记》中说："贞元初，韦应物为苏州牧，房孺复为杭州牧，皆豪人也。韦嗜诗，房嗜酒，每与宾友一醉一咏，其风流雅韵，多播于吴中，或目韦房为诗酒仙。"在这里，韦应物为苏州刺史，房孺复为杭州刺史，既是官僚，又是享誉声望的大文豪。韦应物还说："吴中盛文史，群彦今汪洋。"足见，这里文人聚集的盛况。

几番流离，又要经历几番锦绣繁华。

碧波荡漾，斜阳外已是天接芳草。青山遮不住，淙淙溪流还要东去。

转身，回望来时的路，风尘仆仆，寒凉入骨。

凝眸，聆听流沟寺震颤的钟声。

脚步越来越缓，回眸却没有了当初那份淡然。

漂泊如斯，西风瘦马，老树昏鸦，小桥、流水，还有让人魂牵梦绕、念念不忘的好友及青梅竹马。

一身病容相思瘦，半身流离才志高

日暮沉沉，岸边渔火通明，激荡的水沿着河岸奔腾。江船顺流而下，烟波渺渺，一江春水向东汩汩流去。

满目萧萧，两岸猿声哀转久绝，悄怆幽邃。战火，渐渐平息，可潜伏的落寞漫上了心头，辗转难眠。是年，正值贞元二年（786年），白居易十五岁。

转眼间，寄居越中叔父家已三年有余，他乡再富庶锦绣，终不抵不过故乡的片刻温存。除夜将歇时分，灯火昏黄，夜凉如水，一桌、一椅、一人影罢了。风雪入侵，影绰间又添了几分悲凉。困顿于心时，唯有平仄方可一诉衷肠，道尽这几年的思念，以及颠沛流离的酸楚。思量之际，笔落已成诗——《除夜寄弟妹》。

感时思弟妹，不寐百忧生。

万里经年别，孤灯此夜情。

病容非旧日，归思逼新正。

早晚重欢会，羁离各长成。

　　山河破碎，经年一人在外，身如浮萍，骨肉随风转，遥遥相望而无可奈何。白日推开窗，与人话尽桑麻，潇洒快活。夜半之际，孤灯寒照，病容憔悴，久积的思念倾涌而出。

　　曾记否，那年杨柳岸，晓风残月，迷烟与硝烟共舞。青山不改，绿水长流，此去经年，来日绮窗前，可还是如初的你我？漫漫长夜，整晚枯坐。念及江水滔滔，残夜破晓，病树逢春，一时归思逼上心头，迫使自己容光焕发。黑夜再长，总有天亮的时候。所以，早晚都会重逢的。只是，那时容颜已改，少年也已各自长大成人了。

　　据记载，白氏家族兄弟姊妹众多，白居易排二十二，上有二十一位兄长，下有不少兄弟小妹。母亲陈氏十五岁嫁与父亲白季庚，养育着长子白幼文，三年后生白居易，而后生三弟白行简及四弟白幼美。

　　家族庞大了，嫌隙自然就多了。可在白居易这里，一片祥和，分明还生出了痛彻心扉的不舍与挂念，整日孤枕难眠，面容消瘦。

　　精诚所至，金石为开。或是白居易的赤诚感动了上苍，恰好叔父的一位客人要回北方，正好可代为捎去自己写的书信。

　　江水沧沧，寒风瑟瑟。立于江畔，雁字回时，月满西楼。

望断故园又如何，楚水吴山相去万里有余。所幸，今日有客来访，相思之情再难遮掩，双袖龙钟，泣成了一封含情脉脉的家书——《江南送北客，因凭寄徐州兄弟书》。为了纪念这得之不易的机缘，白居易特在题下自注"时年十五"。

> 故园望断欲何如，楚水吴山万里馀。
> 今日因君访兄弟，数行乡泪一封书。

江南繁华，文人众多。偶尔，白居易也会走出阴霾，寻访烟雨画楼，寄情山水。

> 满眼云水色，月明楼上人。旅愁春入越，乡梦夜归秦。
> 道路通荒服，田园隔虏尘。悠悠沧海畔，十载避黄巾。
> ——《江楼望归》

望着满眼的云水，亭台楼阁中的文人在纵声谈笑，又望向远方悠悠的沧海，道阻且长，有乡不得回。

愁绪满肠，病容不改，春风掠过山岗，也掩不住刻骨于心的荒凉。乡梦回响着归程碎裂的轰鸣，越中是异乡，不觉已过了几载。

将自己交于山水，偏偏，眉头紧锁，心间荒凉，已悄然浇灌出了一腔惆怅。

乱世漂泊，生如蓬草。活着，或许不该只是活着，悲春伤月，满腹感慨。咏自然之顽强，为生民立命，为天地立心，或许才是活着的意义。

据《与元九书》记载，白居易"十五六，始知有进士，苦节读书"。的确，考中了进士，便可"脱白挂绿"，春风得意，不愁一家生计，还可干预公事，如若时运亨通，入阁拜相也是指日可待。

鸿鹄之志，时刻萦绕在白居易的心间，衣带渐宽，即便体弱多病，也要为了一腔抱负洒热血。寒暑易节，一树梨花压海棠，转眼又是枫叶荻花瑟瑟袭来。滚滚江水，昼夜不息，青山如黛，岿然不动，白居易亦复如是。

闲来信手翻阅徐州刺史韦应物的诗作，才丽有余，又有些许的落寞与孤寂。或许，意有所指。

独怜幽草涧边生，上有黄鹂深树鸣。
春潮带雨晚来急，野渡无人舟自横。

——韦应物《滁州西涧》

夜幕时分，涧边的青草幽幽，惹人怜爱。丛林深处，黄鹂鸟发出了声声鸣叫。春潮涨起，淅淅沥沥的雨不停，只见荒野渡口空无一人，唯有一叶扁舟独自横泊在水面上。

水可载舟，亦可覆舟。荒野的渡口，空无一人，寒江照着孤舟，不正像文人志士怀才不遇的情形吗！白居易久久地凝视着，不敢稍有走神。"野渡无人舟自横"，凄凉至极，但也倔强至极。后来，白居易评价这首诗"才丽之外，颇近兴讽"。

身为文人志士，斜风细雨、凛冽寒霜，不过是常态。可以落寞，可以失望，但傲骨要在，咬定青山绝不放松。纵使跌落深谷，也要葆有敞亮的心胸，迎接清晨的重生。

雨打芭蕉，苦读甚是难熬。微风吹皱一池春水，思念便翻涌奔腾，时不时侵扰着本不安定的心神。贞元三年（787年），白居易十六岁了，依旧在越中避难。冬去春来，春风十里，林木初生，芳草冒出了浅黄的嫩芽，远远望去，横卧遍野。于是，一首《赋得古原草送别》便灵光乍现了。

离离原上草，一岁一枯荣。
野火烧不尽，春风吹又生。
远芳侵古道，晴翠接荒城。
又送王孙去，萋萋满别情。

春草，生满了荒原。古代骚人曾写"王孙游兮不归，春草生兮萋萋"，在生机处盼望在外游荡的归人，芳草愈是茂盛，愈增添了几分离别愁绪。在白居易看来，芳草有荣有枯，先枯后荣，生生不息。在送别时，这草似乎也通人情，含情脉脉，渐望渐远。正如李煜词中云："离恨恰如春草，更行更远还生。"只要情不灭，草就不休。

蓦然回首，已走了好久，草木有心，人的心又如何呢？

万家灯火，这里没有属于白居易的一盏灯。星空万里，月光盈盈，同一片天空下却是一样的彷徨与忧伤。身在异乡，半分不由人，但能主宰的是不灭的一腔诗意，还有一腔孤勇。就这样，江南繁华，滋养着白居易，也一步步成就着他的诗才。

身处南方，没了风沙的侵袭，锦绣间洋溢着柔媚。偶然坐起看流云的模样，聚了又散，散了又合。天上人间，没个安排处。天地辽阔，山河破碎，谁又在主宰沉浮，换得世间安稳？

思绪漫上心头，一时间彻底沉沦了。诗兴大发，落笔便写成了《王昭君二首》。

其一

满面胡沙满鬓风，眉销残黛脸销红。

愁苦辛勤憔悴尽，如今却似画图中。

其二

汉使却回凭寄语，黄金何日赎蛾眉？

君王若问妾颜色，莫道不如宫里时。

这两首诗，讲的便是王昭君的故事。王昭君，名嫱，字昭君，原本是汉宫的一个小宫女。公元前54年，北匈奴郅支单于打败了南匈奴呼韩邪单于，呼韩邪单于便臣服于汉朝，三次朝觐天子，并有意成为汉朝的女婿。于是，汉元帝选了王嫱赐予他。待到匈奴，王嫱被封为"宁胡阏氏"。在这里，"阏氏"意为王后。而"宁胡"，象征昭君出塞给匈奴带来和平、安宁和兴旺。

峰峦如聚，波涛如怒，王朝更替，屡见不鲜。不知从何时开始，女子的个人命运与国家兴亡捆绑在了一起。历史总是无情，繁华落尽，谁还记得她曾来过！所幸，诗人有一颗柔肠，待春风吹过青冢，剥落的种子便在心底发了芽，生了根，开了花。

是年，贞元四年（788年），白居易十七岁了。

十七岁，一身病容，半身流离。

十七岁，一身诗才，半身倔强与孤傲。

芳草离离，青翠欲滴，山水一程，少年在路上，依旧年少。

郡斋宴集谒顾况，少年诗才震四海

　　身处江南水乡，见惯了文士云集的景象。孤身一人，无所依傍，若能求得高人指点一二，便不虚此行。苍茫的水还在流淌，心底的热血还在奔涌，心有所向，便觉意气风发，势不可挡。

　　天涯浩瀚，宇宙苍茫，朝着光的方向，向着明亮的地方，即便傲然独行，也快意无憾了。

　　年少，就该轻狂。左牵黄，右擎苍，肆意驰骋，亲射猛虎。前路漫漫，无从得知，也没有必要烦忧与恐惧。笃定此刻一切的决定，闲看庭前花开花落，云卷云舒。暖阳初升，流云安然，桥下看风景的人就在眼前。

　　贞元五年（789 年），韦应物任苏州刺史。而顾况，因"傲毁朝列"（李肇《唐国史补》），"不能慕顺，为众所排"（皇甫湜《顾况诗集序》），被贬至饶州。恰途经苏州时，受到了韦应物的盛情款待。一时，群彦如汪洋，名流云集，曲水流觞，恣意酣畅。

韦应物作《郡斋雨中与诸文士燕集》在先，诗中云：

> 兵卫森画戟，宴寝凝清香。
> 海上风雨至，逍遥池阁凉。
> 烦疴近消散，嘉宾复满堂。
> 自惭居处崇，未睹斯民康。
> 理会是非遣，性达形迹忘。
> 鲜肥属时禁，蔬果幸见尝。
> 俯饮一杯酒，仰聆金玉章。
> 神欢体自轻，意欲凌风翔。
> 吴中盛文史，群彦今汪洋。
> 方知大藩地，岂曰财赋强。

当时和诗的，有顾况和房孺复，不过最终留存下来的，只有顾况的这首《酬本部韦左司》。

> 好鸟依佳树，飞雨洒高城。
> 况与二三子，列坐分两楹。
> 文雅一何盛，林塘含馀清。
> 府君未归朝，游子不待晴。
> 白云帝城远，沧江枫叶鸣。

却略欲一言，零泪和酒倾。

寸心久摧折，别离重骨惊。

安得凌风翰，肃肃宾天京。

　　白云当空，帝城遥远，沧水茫茫东去。伴着微风，江枫欣然飞舞。只见，飞鸟依恋着老树，文雅之士列席而坐，林木青翠，好景如斯，声势浩大。

　　当时的白居易，一介布衣，多年营营苦读，诗才愈显，可在名流的眼中究竟如何，尚不可得知。望着江楼，怀兴未敢发，连拜谒的勇气也没有。月明星稀，乌鹊南飞，微风拂来，不由得寒噤起来了。进，需要的是一腔孤勇；退，也要承受平庸的笃定。

　　抉择是痛苦的，可不抉择更痛苦。抉择了，至少可以给心一个交代，也不枉多年的苦读。可不抉择，一身病容，何以存在？满腹才学，一腔抱负，又何以为百姓立命，为天地立心呢？

　　清晨，踏着清月，拿着十六岁写的得意之作《赋得古草原送别》，前往顾况之处。熟稔各名家的苦读之人，对顾况自然了如指掌。顾况，是诗人、画家、鉴赏家，重要的是对诗歌颇有见解。在《悲歌》序中，顾况认为诗乃"理乱之所经，王化之所兴，信无逃于声教，岂徒文采之丽耶？"可见，顾况看重诗歌的教化作用，思想内容推首位。

　　初阳渐渐东升，回望来时的路，再看看前方，暖意间不免多了丝寒凉。顾况不愧是名流，当年既可在深宫中寄宫女一枚红叶，现在自然也会诚挚相待初出茅庐的少年郎。

只见，顾况接过诗稿，而白居易立侍在侧，不敢出一言以复。忽然，顾况瞥了一眼落款处，"白居易"三个字赫然映入眼帘，便开玩笑说："长安米贵，居大不易。"说罢，又仔细端详。白居易仍立侍在侧，不卑不亢，俟其指点一二。

顾况看罢，一改戏谑之色，赞赏有加道："有才如此，居亦何难！"

是啊，所有生命皆有轮回。即便没有轮回，人生坎坷如故，处处罹难不断，那又如何呢？草虽卑微，但气节高，不惧野火，依然"侵扰"古道，使得荒城复得生机。这草，有魄力，还有情。以己度人，慈悲为怀，苦他人之苦。罹难如此，还保有善意，不得不令人羞赧！

或许，就在某一瞬间，顾况想到了自己被排挤出朝廷，不得重用，恰如被烈火灼烧的小草。这诗分明就是赠送自己的良药。

年少有才不识才，而今才名声起，街头小巷流传着白居易拜谒顾况的故事。在惊叹之余，也开始纷纷争相抄写他的诗作。

关于这段佳话，不少典籍中都有记载。其中，《旧唐书·白居易传》中记载，"居易幼聪慧绝人，襟怀宏放。年十五六时，袖文一篇，投著作郎吴人顾况"。

这里，注明白居易谒见顾况是十五六岁，可那时顾况在京师，未曾到苏州。白居易也未曾去过长安，一直在越中避难。

根据史实来看，顾况从贞元三年（787年）至贞元五年（789年）在长安为官，而后被贬饶州。而白居易十六岁时，一直在越中避难，不可能去长安见顾况。顾况贞元五年（789年）被贬饶州，途经苏州时，白居易已经十八岁了。恰好两个人都在苏州，而白居易也曾在《吴郡诗石记》中回忆，贞元初，韦应物、房孺复等众多名流会聚苏州，饮酒赋诗，自己"时予始年十四五，旅居二郡，以幼贱不得与游宴"。

　　可见，白居易拜谒顾况的时间应是十八岁左右，地点很有可能在苏州。不过，白居易自云在十四五看到群彦会聚的情形，与其说是误记，不如说是故意为之。毕竟，所见皆是大人物，自己不过平民，身份过于悬殊。若言十八岁望而却步，难免遭人笑柄。

　　山水一程，前路迢迢。因缘际会，凭着些许勇气，终得到了名流的认可与赞赏。可夜黑风高，病容依旧憔悴，先前有多欣喜，如今也就有多哀伤。

　　曲终，人也终要散。何况，不过是匆匆过客，去了又来，来了又去。花开花落，冬去春来，草枯又荣，天道自然，谁又曾逃脱冥冥中的注定！

　　或是劳碌过多，或是忧思过甚，一场大病突然而至。

　　　久为劳生事，不学摄生道。
　　　年少已多病，此身岂堪老。

这首《病中作》，不加掩饰地表明了白居易内心的惶恐，却也证明了他的确体弱多病。

　　理想，如空中月，皎洁明亮。现实，却是洪流暴雨，身如浮萍，自身难保。少年胸中，藏着一轮皓月，纵使凄寒，也未曾忘掉。

　　向着明亮的地方，步履所至，唱尽悲欢离合，唱尽历史沧桑。所幸，回首之时，不远处总有光温暖心房。

辗转遇静女，把酒识良友

窗外，蒹葭苍苍，白露凝结成了霜，茫茫而空旷。溯流而上，人鸟声俱绝，颓云惨淡，沉沉地压了下来。

所谓伊人，在水一方。上下求索，可思，不可望。云烟迷离，若隐若现，遥遥清晰可见，近处分明苍茫一片。落寞间恍然，此情已成追忆，不思量，自难忘。

离离原上草，萋萋处满是离情，哀伤间又夹着隐秘的蜜糖。所谓美好，不过是那时、那地、那刻的温存。三两好友，煮酒烹茶，谈笑风生。抑或，仅仅是一瞬相逢的悸动。

月有阴晴圆缺，人也有悲欢离合。此刻，已是贞元六年（790 年）了。轻轻地，他们走了。白季庚迁官大理少卿兼衢州别驾，而白居易终于回到了心心念念的家乡符离。

往事不堪回首，前尘已成过往。归来，即是好风景。

推开门，还是熟悉的宅子。一砖、一瓦，分明是儿时的模样。再往里走，内心忽然也忐忑不安起来了。出行在外，免不得凄风冷雨，这是人生常态，不可回避。辗转回乡，即便物是人非，也是人生常态，可近乡终究露出一丝胆怯。白居易探寻着、思忖着，光刹那间照亮了前方，青丝未曾换了白发，可背有些佝偻，的确落寞不堪了。几行清泪，瞬间潸然而下。

偶有闲暇，他走出房门，去触摸河水的清凉，观赏翠竹的挺拔。尽兴之余，忽然想到了曾经一起玩耍的邻女。据考证，这位邻女名为湘灵，是白居易小弟金刚奴的玩伴发小，比白居易小几岁。儿时不识姝女色，而今漫步在故乡的山水间，思绪万千，满眼星河，怎么都化成了她的模样。或许，曾那样真实地存在过，因此失落于风，刻骨于心，方显得深刻。

眼前，溱洧之水从容流过，正是这条河，曾温暖了凉薄之人的心。追逐、嬉闹，吟诗作对，一片叶、一朵花、几块青石，芳踪影绰，时而清晰，时而模糊。假如爱自有天意，绝不会让有情之人两相忘却，形同陌路。假如，而今蓦然相逢，会不会如以往般自然，甚至情投意合？

回眸，亭亭玉立的天仙款款而来，貌比姮娥，又如旱地里的白莲。已经十五岁的湘灵，喜欢在碧纱窗下绣床前闲教鹦鹉说话，活泼而可爱。为了永远地记住湘灵的模样，白居易作诗一首。

娉婷十五胜天仙，白日姮娥旱地莲。

何处闲教鹦鹉语，碧纱窗下绣床前。

——《邻女》

有了湘灵的陪伴，历经的苦难都化作云烟，消散不见了。天地辽阔，四时开始有了区别。春来漫步花海，为每一朵花取个温暖的名字，看黄蝶时时飞舞，听娇莺偶尔自在鸣啼。夏日绿叶成荫，溪流潺潺，泛舟、摘荷，吟一首诗，一起共赏皎洁的月色。秋风瑟瑟，黄叶满地堆积，梧桐更兼细雨，有良人在侧，临风听暮蝉，颇有一番趣味。到了冬天，林寒涧肃，红装素裹，仿佛整个世界都沉寂了。不过，踏雪寻梅，堆雪人、打雪仗，也是饶有兴味。

草长莺飞，碧波荡漾。渐渐地，白居易与湘灵互生情愫了。相恋的日子总是美好的，却也充满了阻碍。白居易世代为官，而湘灵不过是平常的农家女子。她虽美如天仙，温婉而体贴，可那又如何呢？隔在她和白居易之间的，不仅是个人的身世背景与门第，还是整个时代封建思想的鸿沟。

年少，终究轻狂，特立独行。青春，就该恣意酣畅，不负韶华。所以，每当夜幕降临，月亮爬上了柳梢，两个相恋的人便踏着清光，轻盈地奔赴相约之地了。

提起衣裙，划袜轻步向外奔去，和着如水的夜色，云烟朦胧，树影婆娑，湘灵向远方款款而去。

真心相恋的人，从不计较你先来，还是我先到。你早我来，我心开出白莲，痴痴为你守候。你晚我而至，纵是等到天荒地老，也甘之如饴。正如《诗经·静女》中写的那样，当爱意悄然来袭，恋爱中的姝女早已于城楼一隅等候。

静女其姝，俟我于城隅。爱而不见，搔首踟蹰。

静女其娈，贻我彤管。彤管有炜，说怿女美。

自牧归荑，洵美且异。匪女之为美，美人之贻。

月光如水，待到白居易前来，湘灵披着圣洁的外衣早已翩翩而至了。驻足凝视的刹那，真如天上姮娥，飘飘欲仙。见面的那一刻，湘灵含笑迎了上去。未等白居易言说，便掏出了一双鞋，急匆匆地塞入了白居易的怀中。白居易待要搭话，湘灵却踏着清光，飘飘而逝了。

打开定睛细看，这双鞋子不是给人穿的，上面绣着花，是带在身边寄托爱心的信物。有人曾考证，这双鞋子上所绣的，是并蒂莲，配有红花绿叶。而且，每只鞋子上绣了一朵，合起来恰凑成双，是二人的定情信物。那一刻，白居易心如明镜，慎重地抚摸着这极为珍贵的鞋子，暗暗地藏在了怀中。

爱人，抑或被人爱都是世间极美好的事。如若两个人情投意合，琴瑟和鸣，即便只是坐着不说话，也十分惬意。白居易和湘灵便是这样的存在。

体贴，温柔，艳丽动人，世上似乎没有词可形容湘灵的千万分之一。她很好，只是没有达到世俗的要求——出身世家。白居易心中自然知道这一点，可他也无可奈何。

门第，横亘在白居易与湘灵之间，如沟似壑，深不见底。白日里，他们是青梅竹马的好友，唯有黑夜，才可做相互依偎的恋人。

时光流转，人生还有更多的未知留待探寻。转身，又到了贞元七年（791年），白居易二十岁了。此刻，苦读依旧，辗转又是一片绯红，几多烦忧。这一年，白居易认识了"符离五子"，苦读之中又多了一分欢喜。

据《道光宿州志》记载，"白居易，字乐天，太原人。少时尝东游徐泗，寓居符离五载，日与刘翕习、张仲素、张美退、贾握中、贾沉犀同泛陂湖，游流沟、武里诸胜，诗酒盘桓，称胜会焉"。

认识"符离五子"时，白居易二十岁。而刘翕习正值三十岁，比他长十岁，其他几人也都比他大。当时，刘翕习住在北巷，居所荒凉破败，疑似是一座萧条的古刹。白居易住的东林草堂居于穷巷之中，以横木为门，可谓家徒四壁，简陋不堪。巧的是，二张二贾兄弟也住在同一巷内。逢上雨天不能回，几人一同在草堂的卧榻休息。夜眠听雨声，秉烛夜谈，好不惬意。

逢上春和景明，同游流沟寺，赏青林翠竹。逢上春雪，凛冽寒风，烧一壶热酒。秋季来临，漫漫长夜，几人一起写联句诗。夏日晴光正好，同游陂湖，看白鸥翔集，纷纷起飞，岸芷汀兰，满眼苍郁之色。时而来到濉水，闲芳遍野，林木青翠，红鲤正肥，酣畅地游乐。月夜尚好，趁着月色，相与步于石桥之上，共赏良辰美景。这一切，都被白居易记录在了《醉后走笔酬刘五主簿长句之赠兼简张大贾二十四先辈昆季》这首诗中。

刘兄文高行孤立，十五年前名翕习。

是时相遇在符离，我年二十君三十。

得意忘年心迹亲，寓居同县日知闻。

衡门寂寞朝寻我，古寺萧条暮访君。

朝来暮去多携手，穷巷贫居何所有。

秋灯夜写联句诗，春雪朝倾暖寒酒。

陴湖绿爱白鸥飞，渒水清怜红鲤肥。

偶语闲攀芳树立，相扶醉蹋落花归。

张贾弟兄同里巷，乘闲数数来相访，

雨天连宿草堂中，月夜徐行石桥上。

我年渐长忽自惊，镜中冉冉髭须生。

心畏后时同励志，身牵前事各求名。

……

君不见买臣衣锦还故乡，五十身荣未为晚。

相逢意气为君饮，交友不论老与少，志气相投，便是人生中最美好的相遇。后来，"齐入文场同苦战，五人十载九登科"，一时间，符离声名鹊起。有他们陪伴的日子，苦读成了一件美事，诗书在侧，盛景在旁，经史子集不再枯燥乏味，鲜活地浮现在了白居易的眼前。有友如此，夫复何求！

可惜，一切美好皆如琉璃般易碎。前尘过往，回首时真如镜花水月，一帘幽梦。

茫茫人海，于千千万万之中认定了，便就是她了，不问出处，只问归程。可归程，有的是枷锁，难于上青天。转身时，风摇叶落，泪眼婆娑，只能忍痛前行。凝眸处，青山巍峨不见君，夕阳残照，泱泱大道。

漫漫人生，不早不晚遇到了，是良友，亦是良师。春风吹醒了绿蕊，红透了满园的芬芳，微风细雨，淅淅沥沥。他们唤醒了少年心底最深的渴望。可并非来过，就可以亘古不变，恒定守衡。窗外的天气不一而同，人生的道路也迥然不同。多年后，有人扶摇直上，于九万里高空翱翔。可有的隐居山林，闲看庭前花开花落。小园香径，柴扉紧掩，可还有人叩门来访，把酒临风，浅唱低歌？

这一程，来过。苦过，乐过。

这一程，爱过。静女温良，灿若星河，暖如骄阳。

这一程，活过。有志不曾转移，良师益友在侧，激扬江山，浪遏飞舟，滚滚一江春水，渐行渐远。

明朝，天亮登前途，还要踏遍山河，历经世上的悲欢离合。风尘仆仆，群山万壑，烟波飘渺，唯有一个我。把行囊背在身上，遥望对岸，你们的笑面、眼眸，一一记取，见春化作花，见雨化作河，秋成枫，冬成雪。岁岁年年，无从选择。朝朝暮暮，风起雨又落，江畔有人驻足，久久凝望。

第二章

漫漫登仕路

穹庐摇坠，风雪一更。

如果说，毁灭后才是新生。

如果说，长安终是不可不去的归途。

那么，生离死别，注定无从选择。

聚散两依依

窗外，雨潺潺而下。窗内，冷衾难挨。

这世上，终究没有不透风的墙。

燃起香炉，临窗而坐，白居易的耳中不断传来母亲陈氏反对的声音。

陈氏，十五岁嫁给白季庚。而那时，白季庚已四十一岁。晚清学者罗振玉认为，陈氏与白季庚很可能是舅甥联姻。当时，白母受刺激后患"心疾"而逝。陈寅恪先生也赞同这一说法。也有学者提出异议，认为白家远祖是西域龟兹王族，白姓不过是汉化后的胡姓之一，婚俗毕竟不同。后来，再经考证，陈氏与白季庚确是表兄妹，但无舅甥联姻一说。关于二人先前究竟是何关系，众说纷纭。然而，不可否认的是，陈氏与白季庚的年龄的确相差悬殊。

成婚一年后，陈氏生了长子白幼文。十八岁时，生了白居易。而后又生了两个儿子，即三弟白行简，四弟白幼美。

陈氏出身官家，书画文字无不通晓。白家世代为官，又为秦朝武安侯白起之后。二人年龄虽相差甚大，但始终门第相当，而湘灵与白居易不是门当户对。

"良贱既殊，何宜婚配？这是《唐律疏议》中所言。怎会虚假！"母亲的话似锋利的剑，直戳白居易的肺腑。可，美人如斯，宛如清扬，难以割舍。望向窗外，白居易的心下起了瓢泼大雨。

天渐渐暗淡了，白居易辗转难眠，心底还是难以相信母亲说的话。于是，他掀开被子，快步奔向书房，火急火燎地找《唐律疏议》这本书。

他翻开第四篇《户婚律》一看，里面果然说："人各有偶，色类须同，良贱既殊，何宜配合。"再翻看，第一九一条明确提到："诸与奴娶良人女为妻者，徒一年半。女家减一等。离之。其奴自娶者，亦如之。"不仅如此，第一九二条还明确规定："诸杂户不得与良人为婚。违者，杖一百。百户娶良人女者，亦如是。良人娶官户女者，加二等。"

月色微凉，伴着雨后的寒风，更冷了。这一字一句，无不将白居易推向黑暗的深渊。白居易仍不甘心，继续翻阅。终于，在第一八八条看到了一丝希望。里面提到，"诸卑幼在外，尊长后为订婚，而卑幼自娶妻，已成者，婚如法；未成者，从尊长。违者，杖一百"。大致就是说，如果子孙在外自行成婚，而且是在长者为其订婚之前，婚姻便合法。否则，要受到杖责。

天地无垠，哀鸿却触目惊心。苦读本是想考取功名，为生民立命，为天地立心。而今，为了湘灵，为了自己日后的幸福，白居易更没有懈怠的理由了，整日攻读不辍。据《与元九书》记载，"二十已来，昼课赋，夜课书，间又课诗，不遑寝息矣。以至于口舌成疮，手肘成胝"。其用功程度可想而知。

渐渐地，河畔少了白居易与湘灵的身影。日升日落，他在为他们的幸福努力着，所幸，她都懂。

就在白居易苦读之时，韩愈、李绛、崔群、王涯、冯宿等进士及第，是年贞元八年（792 年），而白季庚衢州别驾任满，经观察使皇甫政推荐，除襄州别驾。

炊烟袅袅，柳暗花明，一切都渐渐明朗了，有的是希望。

天光熹微，白居易便来到书房内，正襟危坐，心无旁骛地开始攻读了。依旧由最爱的李白、杜甫、陶渊明读起，然后涉猎各位名家，以及政治、经济、军事等各个方面。

唐代的科举制，具有一定的开放性、公平性，打破了长期以来豪门垄断政权的局面。其目的重在选才，《贞观政要》中记载，"为政之要，惟在得人，用非其才，必难致治"。起初，科举制分为常科和制科。常科按照科举制度考试，下分为秀才、明经、进士、明法、明书、明算，共六科。而制科，需要由皇帝下诏制定科目选才，因而包罗万象，不拘一格。到了唐代中期以后，进士科成了文人致仕的主要途径。

"三十老明经，五十少进士"，可见进士科难度之大。起初，进士科只考试策（考问政事、经义），后来加了试帖经及杂文。

所谓"帖经"考试，即任意取经书的一页，盖住整页，露出一行（后改为露出三行），再遮盖若干字，让考生答出。为了增加考试的难度，而后多取孤经绝句，或者容易混淆的进行考问。随着科举制的不断演变，文人要想取得进士，必须通过帖经、杂文及时务策三大考试。杂文，起初指的是箴、铭等文体，唐玄宗以后便以诗赋为主。

大千世界，一花一叶总关情。诗歌，可言志，可抒情，自然成了文人心中最佳的载体。更为重要的是，诗有平仄，讲究立意、布局、格律，也成了评价一个人综合素质的重要尺度。大唐，繁华雍容，有大海广纳的气度，有天空包罗的雅量。星辰大海，春花秋月，甚至萧萧落木，翻飞的茅屋，也被文人写出了精魂，被大唐载入了史册。

此时，白居易已经二十一岁了。他有着超出常人的沧桑，未老齿早衰，鬓发也已苍苍了。少年眼眸本应灿若星辰，然而，过度的勤勉使他早早地患了眼疾，眼若飞蝇，数以万计地晃动着。他打从心底知道，唯有刻苦攻读，未来才会是坦途。他也深知，穷时只能独善其身，达时方可兼济天下。

时光不可逆转，转眼秋风又起。上天，无端欢喜，无端哀伤，偏偏在你看到希望时又让你陷入绝望。据《唐太原白氏之殇墓志铭并序》记载，这一年，白居易的小弟白幼美去世了，年仅九岁。一家人都因弟弟的离开而悲痛万分，母亲陈氏更是精神恍惚，形容憔悴了。

寒凉彻骨，令人猝不及防。相聚不过片刻，来也匆匆，去也匆匆。匆匆别过，还要继续向前走。

身处在外的白季庚听到这个消息，心痛难耐，可也无可奈何。年少进士及第，身处乱世，为国鞠躬尽瘁，从未畏惧。可这一次，他深感无力。

每当月爬上梢头，他只能遥望以寄相思。即便隔着山海，总有相聚的一天。可如今，真如流水落花匆匆而去，天上人间，永无相见之期了。

人生在世，活着的时候未曾珍惜，离去后才觉亏欠良多。岁月凉薄，命数已定，唯有痛定思痛，好好珍惜眼前人，莫要重蹈覆辙。

聚散依依，来去无期。有一个少年，细数窗前的雨滴、门前的落叶，细听溪流的呼吸、杜鹃的轻啼，问白云的归处、风儿的消息，可是老旧的庭院沉默无声，万籁俱寂。

原来，这才是离恨，这才叫伤悲。

今我讽遗文，思人至其乡

任岁月流逝，沧海桑田，山的这头如沟似壑，山的那边早已万木生春。

是年，贞元九年（793 年），刘禹锡二十二岁了，柳宗元二十一岁了，均为进士及第。而元稹也已经十五岁了，明经及第。

刘禹锡，字梦得，先祖是汉景帝贾夫人之子刘胜，世代为儒生。其父刘绪，在江南当过官，刘禹锡曾在那里度过青少年时期。出身世家，自小便熏染了一身儒生气，在吟诗作赋方面颇有天赋。难得的是，刘禹锡自身也勤奋上进。十九岁左右，刘禹锡曾在长安游学，一众士林对他赞誉有加。贞元九年（793 年）时，他不仅进士及第，还登博学宏词科。工文章，又善写五言诗。

年少如此，见识广博，才华横溢。见过天地，见过众生，才有自言秋日胜春朝的豁达，更有陋室不陋、安贫乐道的豪气。

"诗豪"，绝非浪得虚名。

多年以后，当历经千帆的刘禹锡遇见了抑郁不得志的白居易，二人一见如故，成了莫逆之交。这份诚挚的友谊来得晚，却刚刚好。相逢意气，推杯换盏，有酒一杯，足以慰风尘。

如果说刘禹锡是白居易晚来的好友，那元稹就是陪伴白居易半生的亲人。此情，无关风月，却比风月动人。白居易自言："然自古今来，几人号胶漆。"可见二人情感甚笃。

元稹，字微之，河南洛阳人，先祖是鲜卑族拓跋氏，汉化后便以"元"为姓，地位尊崇一时。可家族到了父亲这一辈，日趋没落。八岁时，元稹丧父，由母亲带着寄居在舅舅家。小小年纪，便自知唯有苦读才有出路。所以，年仅十五岁，元稹便明经及第了。

天资聪颖，孤苦伶仃，冥冥中或许自有天意。多年后，两个人相遇了。你唱我和，相互扶持，在激荡的洪流中谱就了一曲爱的哀歌。

跨越千里，春风吹绿了江南。撑一支桨，向更深处漫游。失亲的忧伤还在，离别还在上演，纵使有时差，但还是会准时抵达。

江畔之上，白居易衣袂飘飘。他久久地驻足，沉默不语。山鸟归林，浮云散乱，滔滔的江水奔涌，一时间，风呼啸而来，惹得万丈尘埃。望着身旁的湘灵，白居易欲言又止，踟蹰之际，天暗了下来，远处早已不见了送行之人。

自从弟弟白幼美去世，父亲白季庚来信，要接他们去自己所在的襄阳。长路漫漫，离别在即，命运所致，又如何忍心让母亲一人操劳前行！伴着烟霞，回望渐行渐远的符离，青山隐隐，绿水悠悠，白居易终踏上去往襄阳的征程。他曾在《再到襄阳访问旧居》中提到，"昔到襄阳日，髯髯初有髭"。此时的白居易，已然英姿勃发了。

襄阳，自古是文化名城。想当年，多少豪杰在此一展雄姿，传诵至今。公元前1221年，商王武丁伐荆楚时曾抵达过襄阳。周宣王时，仲山甫位任卿士，位列百官之首，封地为樊（今襄阳市樊城区）。还有，诸葛亮曾躬耕于此，得刘备三顾茅庐，商讨天下大计，一图霸业。但对于白居易来说，襄阳是孟浩然的家，正是探寻先贤足迹的大好时机。

孟浩然，生于689年，卒于740年，是盛唐写山水田园诗的第一人，然而，仕途坎坷。

在四十岁的时候，孟浩然赴长安谋仕不成，在鹿门正式开启了隐居生活。尘埃既已落定，坦然沿着沙岸款款走向沙村，听晨钟暮鼓，渡口争喧。月光皎洁，山门在清光下渐渐闪现，往深山丛林中走去，便到了栖息的港湾。《夜归鹿门歌》便是最好的见证。

> 山寺钟鸣昼已昏，渔梁渡头争渡喧。
>
> 人随沙岸向江村，余亦乘舟归鹿门。
>
> 鹿门月照开烟树，忽到庞公栖隐处。
>
> 岩扉松径长寂寥，惟有幽人自来去。

据《新唐书》中记载，四十岁的孟浩然游京师时，曾因在太学赋诗而惊艳四座，王维、张九龄对他也赞誉有加。不过，正巧发生了一件事，使得他彻底与仕途无缘了。

那一天，他受王维的邀请前去府内做客。孰料，过了不久唐玄宗也来了。惊慌失措间，孟浩然竟然躲到了床底下。当玄宗问及时，王维如实应答，而孟浩然则迫于玄宗的诏令不得不现身。见果真是孟浩然，玄宗大喜，当即问他近来有没有新作。

一腔忧愤不知何故顷刻喷涌而出，孟浩然当着玄宗的面，自吟了一首《岁暮归南山》。

北阙休上书，南山归敝庐。

不才明主弃，多病故人疏。

白发催年老，青阳逼岁除。

永怀愁不寐，松月夜窗虚。

帝王终究是帝王，一句"不才明主弃，多病故人疏"彻底惹怒了玄宗。直言道："卿不求仕，而朕未尝弃卿，奈何诬我？"于是，孟浩然被放还归乡。

再后来，采访使韩朝宗曾邀孟浩然一同进京，准备在朝堂上举荐他。可因好友来访，孟浩然一时喝得尽兴，便忘了时辰。有人给他提醒，他却斥责道："业已饮，遑恤他！"结果，韩朝宗久等不至，怒然辞行了。

同为文人志士，共赏花间月，共饮一壶酒，共赋一首诗，已然成了一种奢望。不过，走他曾走过的路，看他曾住过的屋舍，念他曾写过的诗，也不失为一件风雅之事。于是，收拾好行囊，沿着江河缓缓而下。站立于船头，向南面眺望鹿门山，碧波荡漾间，吟诵了一首又一首动人心魄的诗篇。感念于此次旅行，也为了缅怀孟浩然，白居易特写下了《游襄阳怀孟浩然》。

> 楚山碧岩岩，汉水碧汤汤。
>
> 秀气结成象，孟氏之文章。
>
> 今我讽遗文，思人至其乡
>
> 清风无人继，日暮空襄阳。
>
> 南望鹿门山，蔼若有余芳。
>
> 旧隐不知处，云深树苍苍。

孟浩然灿若明珠，是盛唐不可多得的人才。经世致用，安国兴邦，是他内心深处的渴望。只可惜，造化弄人，性格使然，终生未曾入仕。

眼望着茫茫的碧水，夕阳渐渐西沉，清风之后无人再继，襄阳深处再无先贤。

不过，有诗的地方，自成气象。

自然，有诗的地方，便留有余香。

挥一挥手，作别西天的云彩。悄悄地来，悄悄地走，不带走一片云彩，任苍茫的江水涤荡在滚烫的心间。

时难年荒世业空，弟兄羁旅各西东

江枫渔火，月满西楼，灯火阑珊处尽是落寞。

人生无常，伤口还没有愈合，世界又成了惨淡的一抹白。

片片的雪，落满了青山，渗进骨，融进血，化于心，悄然无声地潜入，然后冷眼旁观这赤裸的人间。

贞元九年（793年）冬，白居易返回了心心念念的符离，见到了朝思暮想的人。千山万水，寒雨风霜，归来的刹那一切都晴朗了。

可刚回来不久，便听到了父亲生病的消息。贞元十年（794年），白居易又匆忙地赶往襄阳，探望病父。谁承想，就在五月，父亲白季庚卒于襄州别驾任所，时年六十六岁。

岁月无情，不曾为谁停留。满身的伤痛，无言的哀伤，一时漫上了心房。无论如何，剩下的路还要继续走下去。白居易与兄弟们为父亲料理了后事，一抔黄土，就此掩盖了一位风流人物。而从今往后，家中也再无慈爱的父亲。

根据唐朝律例，父母辞世，子女须丁忧，或者叫"丁艰"。丁忧期间，禁止一切娱乐活动，子女不得嫁娶，学子不得应试投考，兄弟不得借此分家，官员必须离职返乡在家守孝，武将可以根据战事有所例外。这个习俗始于周朝，在唐朝形成立法。至于丁忧期限，一般认为是二十七个月。而据王拾遗先生曾考证，白居易弟兄的丁忧期为二十五个月，即贞元十年（794年）五月到贞元十二年（796年）六月，方才结束。

伤痛来袭之时，人脆弱得像张纸片，一吹就落，一戳就破。心如空竹，外强而中干。表面看淡了生死浮华，刀枪不入。可到了午夜梦回之际，空寂的心开始流泪，滚滚不尽，茫茫不绝。

死亡，终让人畏而生栗，万念俱灰。可死亡也能让人看清人生的归途，明确活着的意义。生存维艰，苍生在前，使命又太重，怎敢一直沉沦？恍然间，苦读登仕的愿望在白居易的心底又生了根，读书比往日更刻苦用功了。

秋去冬来，寒风凛凛，手指不可屈伸。可白居易初心如故，白日里作赋，夜晚温习书，间或学习诗歌，如此循环不断，未曾稍作休息。而多年苦读，口舌上的疮裂了愈合，愈合了又裂开。其间的痛，一寸寸扎进白居易的骨血，可终开出了绚烂夺目的花。

七月而至，丁忧期已满。贞元十三年（797年），白居易的长兄白幼文出任饶州浮梁县主簿。次年，陈氏决定举家迁到洛阳。做这样的安排，一来洛阳离长安比较近，经济发达，有亲戚可以倚靠。二来，主心骨已倒，家道中落。好男儿应志在四方，不该沉溺美色。离开符离，也有助于白居易潜心向上。

离别在即，别无选择。此次别后，不知何时是归期。怀着万分的苦楚，白居易与湘灵约见话别。杨柳依依，拂不尽前尘往日的温柔与甜蜜。含着清泪，折下一枝柳，慎重地交付于爱人的手中。晓风残月，月已上了梢头。桥下那两抹影子，随风在水中时时荡漾。一会儿远了，一会儿又近了，远近之间，却始终难舍难分。

无人知道他们如何分别的，正如无人知道他们如何相恋的。不过天亮了，白居易也该启程了。临行前，白居易伏案写下了这首《潜别离》。

> 不得哭，潜别离。
> 不得语，暗相思。
> 两心之外无人知。
> 深笼夜锁独栖鸟，利剑春断连理枝。
> 河水虽浊有清日，乌头虽黑有白时。
> 惟有潜离与暗别，彼此甘心无后期。

庭院深深，剪不断的离愁，理不清的情思，心痛在所难免，但还要继续前行。陈氏带着其他人先行前往洛阳，而白居易也踏上赶赴科考的漫漫征程。

科考的第一步是参加"乡试"，而当时白居易的叔父白季康恰为宣州刺史崔衍属下溧水县令。白季康在溧水为官，颇受好评。在他去世后，溧水县衙便改为了白公祠，城隍庙内供奉的城隍神就是白季康。几十年后，白居易名满天下，感念于叔父白季康的帮济，特意为他写了墓志铭。

曾有人考证，唐代学子考试，对于属地和身份的审查并不严格。自初唐以来，官学私学盛行，寒窗学子经过苦读都可以在当地参加"乡试"。成绩卓越者，可参加"州试"，由州府大人评出本州"贡生"即"举人"。自此，便可赶赴京城，参加朝廷的大考了。

寒窗苦读十载，成败只在朝夕之间。来不及思量未来，也来不及回首过往，当下就是最好的安排。而他，即将以梦为马，哒哒地路过浮梁，经过洛阳，亲赴宣城，怀志上京，眼观众生万象，书写自己的宏伟篇章。

贞元十二年（796 年）七月，宣武军大乱，以董晋为节度使。到了贞元十五年（799 年），宣武军节度使董晋病死，汴州军大乱。平定大乱之后，刘逸准、韩弘相继担任节度使。其间，战乱不断，白居易就是在这样的时局之下穿梭在浮梁与洛阳之间的。

贞元十四年（798 年），白居易出发前往浮梁。秋夜漫漫，岁月无声，一路上多的是饿殍，命若草芥，让人神伤。可怜自己独身一人在外，独卧寒舟。寒风瑟瑟，无人作陪，辗转难眠。只见一江秋水滚滚而流，烟云缭绕，水波澹澹，却看不分明故园的模样。此刻，月正圆，人却终不得团圆。感念之际，遂落笔成诗。

> 惆怅时节晚，两情千里同。
> 离忧不散处，庭树正秋风。
> 燕影动归翼，蕙香销故丛。
> 佳期与芳岁，牢落两成空。

———《感秋寄远》

一路上，白居易风餐露宿，贫困交加，甚是凄凉。秋去冬来，冬去春又来。贞元十五年（799 年），他终于抵达了浮梁，见到了自己的兄长。与自己想象中的不一样，兄长虽为地方官，但俸禄微薄，自身已是难保。即便如此，白幼文还是拿出了自己的禄米，让白居易带回洛阳。

来时，春草始芳。去时，荷叶田田。这一年，朝廷派十六道兵马攻打叛军。路途之上，一眼望不到边的是遍野的哀鸿。痛苦与无力交织在白居易的心底，只能眼睁睁地看着他们呻吟，然后慢慢死去。肩上扛着兄长交托的米，踽踽前行在回归洛阳的途中。夏木成荫，鸣蝉不休，不知熬了多少个日夜，白居易终于回到了洛阳，亲手将米交给了母亲。

那一晚的月，格外皎洁。万里金波，转过低低的绮户，照到了白居易的身上。望着明月，想到河南境内丧乱，时局动荡，生民饥困，兄弟们又各自离散，便聊书所怀，作诗《望月有感》，寄给在浮梁的大哥、在于潜的七哥、在乌江的十五哥，兼示在符离及下邽的弟弟妹妹们。

时难年荒世业空，弟兄羁旅各西东。

田园寥落干戈后，骨肉流离道路中。

吊影分为千里雁，辞根散作九秋蓬。

共看明月应垂泪，一夜乡心五处同。

见惯了生离死别，也就看穿了人生的意义。只是，难免有时感伤，伤春悲月。大丈夫，当有鸿鹄之志，扶摇直上九万里。既定的现实已无法更改，那就稍作停息，改变可以更改的。

大雁南渡，木落纷纷，转眼秋水潺湲，红叶挂满了梢头。山边斜抹一层微云，行人更在远山之外。在洛阳停留了片刻后，白居易便正式踏上了科考之路。

来时，万木生春，红杏在枝头嬉闹，叶底黄鹂酣歌。如今，秋风其凉，夙夜而忧伤。即便寒凉，也只能一人默默独行，孤宿茕茕。累了，也会艳羡归云飞扬的姿态，甚至流下浪浪不绝的乡泪。这一切，都被白居易记录在了《伤远行赋》里。

独行踽踽兮惜昼短，孤宿茕茕兮愁夜长。况太夫人抱疾而在堂，自我行役，谅夙夜而忧伤。惟母念子之心，心可测而可量。虽割慈而不言，终蕴结于中肠。日有弟兮侍左右，固就养而无方。虽温清之靡阙，讵当我之在傍。无羽翼以轻举，羡归云之飞扬。惟昼夜与寝食之心，曷其弭忘。投山馆以寓宿，夜绵绵而未央。独展转而不寐，候东方之晨光。虽则驱征车而遵归路，犹自流乡泪之浪浪。

这一年，白居易二十八岁了。前途山高水长，福祸未知。

不过，少年壮志在胸，又何惧雨雪风霜！

能苦读不辍者，从不是弱者。

能独行者，更不是弱者。

翩翩马蹄疾

既然选择了，便风雨兼程。

向着明亮的远方，不回首，义无反顾地前行，只为背后那一双双深邃的眼睛。

贞元十五年（799年）秋，白居易来到了宣州。白季康见到了白居易，自是喜出望外。有了叔父这个宣州溧水县令的帮衬，白居易虽不是当地人，但参加乡试已不成问题。在考场之上，白居易作了一篇《射中正鹄赋》，写了一首《窗外列远岫诗》，被宣歙观察使崔衍赏识。于是，白居易被举荐到长安参加进士考试。

无疑，白居易是幸运的。但，没有十足的才华和能力，又如何能得到他人的青睐呢？在唐代，县分为七等，州又分为三级，每三年考一次，考试最优者才能被举荐参加京城的大考。举人贡生参加京师的考试，关系着州官的前途命运，若被举荐者屡次不第，州官会被追责查办。据《新唐书》记载，崔衍一生清正廉洁，敢于向皇帝进献忠言，始终以民为本，深受百姓爱戴。如此看来，白居易被举荐，绝无徇私的可能。

秋风袅袅，梧桐叶渐渐泛黄，衰残的草上霜花点点。首战告捷，白居易便要前往京城参加明年春天的科考。临行在即，崔衍召集了当地的群贤，特地为白居易设宴送行。宴饮之上，觥筹交错，崔衍为白居易吟诵了一首李白的《宣州谢朓楼饯别校书叔云》，而白居易回赠李白的诗词为《横江词六首》。

李白逝世十年，白居易才出生。对于李白，白居易的心底怀着极深的敬意。他曾经只身前往当涂，只为寻访李白之墓。当时，李白的墓地尚未改迁，凄凉地坐落在采石的江边。四周广袤无垠，衰草连天，荒冢沉寂着，简陋不堪。见状后，心生痛惜，一首《李白墓》脱口而出。

采石江边李白坟，绕田无限草连云。

可怜荒垄穷泉骨，曾有惊天动地文。

但是诗人多薄命，就中沦落不过君。

席间，不断传来送别之声，有刘邦的《大风歌》、曹植的《白马篇》，还有曹操的《短歌行》。推杯换盏，吟诗作乐，白居易的生活就此燃起了万千烟火。

倏忽间，秋已尽。寒风肆起，雪满荒山。循着冬的足迹，白居易来到了长安。这里，灯火通明，如白昼一般，车水马龙，少了些宁静，多的是繁华与喧嚣。在京城报考后，穿梭在偌大的京城中，看满街的店铺林立，山南海北的货物应有尽有，卖官盐的，卖花的，卖珠宝的，卖乐器的……各类叫卖声，震耳欲聋。独居在客舍时，心无旁骛地读着经史子集，心底有的是希望，也便不觉得凄凉与惆怅。

早春悄然而至，诗人也已二十九岁。在某个寂静的夜晚，遥望沉沉的日暮，青山依旧，风吹动着新绿的嫩芽，细雨点洒在花前，编织着一个薄如蝉翼的轻梦。大考在即，外面繁花似锦，自己独坐一隅，想起此生流离，不觉心生慨叹，特写了首《长安早春旅怀》。

> 轩车歌吹喧都邑，中有一人向隅立。
> 夜深明月卷帘愁，日暮青山望乡泣。
> 风吹新绿草芽坼，雨洒轻黄柳条湿。
> 此生知负少年春，不展愁眉欲三十。

初到京师，一切都是陌生的，也是未知的。可这不能作为颓丧的理由，更不能无所作为。所以，他致信给朝官陈京，以期能得到举荐，在大考中也能一骑绝尘。当时白居易给陈京随函寄去了"杂文二十首，诗一百首"。信里提到：

> 居易，鄙人也。上无朝廷附离之援，次无乡曲吹煦之誉，然则孰为而来哉？盖所仗者文章耳！

人，渺如沧海之一粟，总被雨打风吹去。生而为人，免不得向现实妥协。可在妥协中，依然可以清醒独立，风骨犹存。

贞元十六年（800年）二月，林花似锦，月满西楼。此时，白居易安坐在进士科的考场上，主考官是中书侍郎高郢。此次大考，贡生达千人，分三场定去留。第一场的题目是《性习相远近赋》和《玉水记方流诗》，前者考赋，要求字数不少于三百五十字，有韵脚顺序。而后者考诗，要求六十个字，韵脚为流字。诗赋是白居易所擅长的，行云流水间便已成竹在胸了。接下来的两场，白居易依然安之若素，一一沉着应对。

二月十四日，放榜的日子终于到来了。东墙之外围满了看榜的考生，听着阵阵的敲锣击鼓声，无不屏息凝神。渴盼与忐忑交织着，呼喊声响彻了天际，所幸，白居易最终以第四名得中。更惊喜的是，在中榜的十七人中，他竟是最年少的。

一朝及第，春风得意马蹄疾。蓦然回首，走过的路或明或暗，耕耘多年，看荒原变成了山丘，又变成郁郁的丛林。其间风霜雨雪，雾霭迷烟，走过的每一步都作数。见过最黑暗的夜，饮过最酣畅的酒，万千浮华，心底深处的真从未作假。

按照惯例，待榜单揭晓后，朝廷要举办盛大的庆典昭告天下。主持庆典的是礼部，活动多样，需要进行多日的"关宴"，即举办多次宴集。

杏园探花宴是当中重要的活动之一。先选出才貌双全的"探花使"，众人随同一道，骑着马从杏园出发，游遍整个长安名园。白居易跟随其中，悠闲地畅游，折香花，再返回杏园，将所折花卉赠予在场者佩戴，或者用于布置酒宴。当时盛况，不由得让人想起孟郊的《登科后》。

昔日龌龊不足夸，今朝放荡思无涯。
春风得意马蹄疾，一日看尽长安花。

杏园探花宴后，又有曲江宴。宴饮之上，贤才毕至，诸位进士拜见座主，曲水流觞，饮酒赋诗。曲水流觞，是自古以来的一种传统习俗，后演变成文人墨客间诗酒唱和的一种雅事。最负盛名的便是永和九年（353年）三月初三上巳日，晋代王羲之偕众在兰亭举行的"曲水流觞"活动。当日，人们举行完修禊祭祀仪式后，众人坐在清溪两旁，在河流上游放置酒杯。酒杯随水流徐徐而下，在谁面前停下，谁便取酒即兴赋诗。一来去灾祸，二来可供娱乐。根据历史记载，当时有十一人作诗两篇，十五人作诗一篇，有十六人未成诗。随后，王羲之将众人的诗篇加以收集整理，乘兴为其作序，便有了后来闻名于世的《兰亭集序》。

曲江宴会作罢，白居易便和众位进士来到了慈恩寺进行题名。众人纷纷把自己的名字、籍贯写在纸上，然后由书法出众者加以记述此事，并将大家的名字题在石碑上。及第之时，白居易不过二十九岁，又是十七人当中最年少的，一时得意难耐，便在碑上写道：

慈恩寺下题名处，

十七人中最少年。

春日正好，柳色愈浓，风乍起，吹皱了一池春水，也激荡着诗人归家的心。临行前夕，白居易与众人把酒言欢，兴酣之至，赋诗一首，名为《及第后归觐留别诸同年》。

十年常苦学，一上谬成名。

擢第未为贵，贺亲方始荣。

时辈六七人，送我出帝城。

轩车动行色，丝管举离声。

得意减别恨，半酣轻远程。

翩翩马蹄疾，春日归乡情。

哒哒的马蹄声在耳边回响，马儿飞驰着，白居易迫不及待地想要告知母亲及第的好消息。同时，他更想把这个好消息亲口告诉自己的恩人。所以，回到洛阳不久，他便南下宣州去拜见崔衍了。白居易深知，天时、地利、人和是成事的关键，若缺少千万分之一的机遇，一切都只能是泡影。崔公爱才惜才，自己却不能不把这份恩情铭记于心。这首《叙德书情四十韵，上宣歙翟中丞》，就是最好的证明。

擢第名方立，耽书力未疲。

磨铅重剿割，策蹇再奔驰。

相马须怜瘦，呼鹰正及饥。

扶摇重即事，会有答恩时。

寒窗苦读十载，朝夕间及第，一切不能不说是梦幻。

岁月流转，人与人的距离忽近忽远。

远方，离恨恰如春草，风吹不尽，绵延无边。

初入帝都名利场

走过一程山路，久离家乡的心慢慢冷却，忽然又在某一个夜晚渐渐回温。想念的，不只是老旧的庭院、门前的柳树、涓涓的河流，还有在灯火昏黄时日日守候的那个人。

日渐西沉，周围悄然无声，行进在回符离的路上，几多欢喜，几多惆怅。

自从进士后，虽无限风光，但这不过是为官的起点，空有名头而无实职。要想尽快获得任职资格，就必须进一步参加吏部的"铨考"。吏部铨试主要考试科目有博学宏辞科和书判拔萃科等，难度大，考核严格。如博学宏辞科，每年录取三人，若不足数，也不会强凑。可一旦合格，立即便可入仕，还可获得较高的官职。

一代文豪韩愈，曾在《上宰相书》中说："四举于礼部乃一得，三选于吏部卒无成。"这是说自己参加了四次礼部的贡举考试，才中了进士，但参加了三次吏部的考试，皆无疾而终，一无所获。最后，韩愈还是通过董卓的举荐，才踏上了仕途。

入仕是一条漫漫长路，容不得片刻懈怠。此刻，白居易赶赴符离，也是为了不忘初心，潜心备考吏部的考试。已然迈入仕途，便再无半途退缩之理。唯有义无反顾，才能守得云开见月明，迎来光与希望。

就在这一年，白居易的外祖母陈氏去世了。随后不久，六兄和十五兄也离世了。在《祭符离六兄文》中，他写道："既卜远日，就宅新阡，春草之中，画为墓田，濉水南岸，符离东偏，其地则迩，其别终天。惟弟与家人，俨拜哭于车前。魂兮有知，鉴斯文，歆斯筵，知居易之心茕茕然。"

见惯了生死，心不由得还是会战栗，悲伤萦绕在心头，漫延到周身。才下眉头，又上了心头。如此反复，不得终了。饮一壶酒，任笼罩的愁苦抛之脑后，日月如梭，穷通前定，何必营营所求？可当醉意消减，日上栏杆，光照进窗口的那一瞬，终究抵不过骨子里深烙的忠贞。于是，迎着夕阳，踏着微浪，继续踽踽前行。

贞元十七年（801 年）春，白居易终于回到了符离，继续开始苦读生活。

春光无限，莺燕齐鸣。不远处，便是娴静温良的湘灵。日子虽苦，读书虽累，但一想到日后入仕，与湘灵琴瑟和鸣，心底不觉便生了一丝暖意。若实在疲倦，与湘灵一同相约去散步、赏花，走以前曾走过的小径，摘一朵初开的花插在她的头上。

月明星稀时，闲坐在树下，共赏一轮明月，静静地，谁都不说话，便也十分美好。

柳眼梅腮，春心不觉悄然萌动。日日相聚，平常而又满是甜蜜。不过，春去秋来，该走的终究留不住。萋萋满别情，只能归来再秉烛夜谈，话巴山夜雨，聊日月星辰。

贞元十八年（802 年）秋，残月未退，晨鸡起鸣，湘灵送白居易来到了江畔之上。只见水波不定，寒风瑟瑟，二人相对而立，却无语凝噎。相见实属不易，分别更是痛彻心扉。经此一别，又不知何时能再见。一时间，忧从中来，作诗《生别离》。

食蘖不易食梅难，蘖能苦兮梅能酸。
未如生别之为难，苦在心兮酸在肝。
晨鸡再鸣残月没，征马连嘶行人出。
回看骨肉哭一声，梅酸蘖苦甘如蜜。
黄河水白黄云秋，行人河边相对愁。
天寒野旷何处宿，棠梨叶战风飕飕。
生离别，生离别，忧从中来无断绝。
忧极心劳血气衰，未年三十生白发。

分别已是痛苦不堪，还要赶赴长安面对未知的吏部考试，更是让人倍感焦灼。江河滚滚，滔滔不绝，不息的从来不是人本身，三十岁了尚未入仕，又怎能不忧心忡忡呢？看花枝摇曳，纷纷零落飘散，斟一杯酒，有感而发，特写了这首《花下自劝酒》。

酒盏酌来须满满，花枝看即落纷纷。

莫言三十是年少，百岁三分已一分。

秋末，白居易已回到了长安。此次，他要参加的是"书判拔萃科"。这个考试，历时达小半年之久，往往从十一月考至次年三月才结束。所考内容，涉及书写功力、判词文理、身材相貌，以及口齿言说等，考察面面俱到，十分严苛。参考者皆是当时的才子，竞争十分激烈。据白居易在《长安集》中记述，当时书判考了一百道。主持此次大考的是吏部侍郎郑珣瑜和名臣裴垍。白居易终究是有实力的，凭借着自己的胆识与才华如愿得中了。

此次大考，和白居易一同及第的还有元稹、崔玄亮及王起等八人。这一年，白居易三十二岁，元稹二十五岁，同一天被录取，均授予秘书省校书郎一职。他们的缘分从这里开始，此后多年相互扶持，见证了彼此的荣辱与沉浮。

校书郎一职，不过是一个九品的初级文官，掌管经籍图书，上级是秘书省长官秘书兼。每日工作，无非抄写校对，手无大权，身不显贵。但是，对于白居易这样一个刚踏入仕途的人来说，能在长安有一隅容身之所，实属幸事。

据史记载，白居易最初是住在长安的常乐里，此处是昔日宰相旧宅的一角，当时租赁的时间很长。闲居之时，白居易喜欢在园子赏玩竹子，且作过《常乐里闲居偶题》一诗。

> 帝都名利场，鸡鸣无安居。独有懒慢者，日高头未梳。
> 工拙性不同，进退迹遂殊。幸逢太平代，天子好文儒。
> 小才难大用，典校在秘书。三旬两入省，因得养顽疏。
> 茅屋四五间，一马二仆夫。俸钱万六千，月给亦有余。
> 既无衣食牵，亦少人事拘。遂使少年心，日日常晏如。
> 勿言无知己，躁静各有徒。兰台七八人，出处与之俱。
> 旬时阻谈笑，旦夕望轩车。谁能雠校闲，解带卧吾庐。
> 窗前有竹玩，门处有酒酤。何以待君子，数竿对一壶。

诗文中，诗人有茅屋四五间，有马，有仆役，日常谈笑风生。虽是茅屋，但有园子，园内种有竹，开窗便可赏玩。出门有酒酤，俸禄有余，随时可酌酒自娱。

自从当了官，白居易的日子愈加潇洒自在了。可即便做了官，白居易骨子里的诗性依旧不改，常把日常生活诉诸笔端。世人皆称他为"诗魔、诗癖"，说他"喜文嗜诗，自幼及老"。他自己也在《醉吟先生墓志铭并序》中自评："凡平生所慕，凡平生所慕、所感、所得、所丧、所经、所逼、所通，一事一物已上，布在文集中，开卷而尽可知也。"在《山中独吟》中更是坦言："人各有一癖，我癖在章句。"

一生为诗痴狂，至死方休。"走笔还诗债"，直到七十五岁的生命尽头。

正是如此执着，他，白居易，才能在唐代诗人中独树一帜，为后世留下了三千多首诗作。

一颗素心，不为官名所累。

一腔赤诚，敢为百姓发声。

三十二岁，宦海刚刚开始，有的是风浪，也有的是果敢。

来如春梦几多时

秋风萧瑟，时而奔腾，时而如波涛澎湃，风雨骤然而至，愁云惨淡。

安坐在窗前，饮一杯酒，看草木如何随风倾倒，竹又如何直以立身。久久凝视，像在打量一个熟悉的友人。

星河在天，因愁云而没了踪迹。落寞的心，寸寸剥离，忽而闪过的秋风不经意地叩响，泛起了层层的涟漪。

人与人的因缘妙不可言。有的日日相见，也话不投机；可有的只此一面，却觉似曾相识。白居易如今见了这竹，便不觉想起了备考时遇见的元稹。元稹自小丧父，十五岁便明经及第。大浪中历经淘洗后，现又顺利通过了吏部的铨考，授校书郎。竹，宁直不弯。元稹，如同秋竹，孤且直。

交了一个如竹的朋友，再看窗外养的竹，不自觉嘴角上扬。星河隐遁，心却如朗月，黄昏暗香浮动，疏影斑驳，人竟也迷醉了。

很多时候，养竹其实也是在养心，整日为其修剪枝叶，浇水培土，白居易自得其乐，还特地在东亭的壁上写了这篇《养竹记》（节选）。

> 竹似贤，何哉？竹本固，固以树德，君子见其本；则思建善不拔者。竹性直，直以立身；君子见其性，则思中立不倚者。竹心空，空以体道；君子见其心，则思应用虚受者。竹节贞，贞以立志；君子见其节，则思砥砺名行，夷险一致者。夫如是，故君子人多树之为庭实焉。
>
> ……居易惜其尝经长者之手，而见贱俗人之目，剪弃若是，本性犹存。乃芟蘙荟，除粪壤，疏其间，封其下，不终日而毕。于是，日出有清阴，风来有清声。依依然，欣欣然，若有情于感遇也。

旭日初升，便有清阴。风骤然初起，便闻阵阵清声。原本是相府废宅的孤竹，因白居易又焕发了生机。这是竹子在感念白居易精心侍奉的知遇之恩啊！而白居易，也在等待赏识自己的人啊！等着为他人撑起一片绿荫，等着为天下人升起心头的暖阳。

夜渐渐深了，窗外澄明，天高日晶。遥远的他乡，山川寂寥，寒气栗冽，渗入了无眠之人的肌骨。所念之人，隔在远远的他乡。所感之事，结在深深的愁肠。残灯依旧，独宿空堂，远乡不能回，远方的人无日不思量。

是年冬，白居易启程返回符离。途经许昌，顺道拜访了三叔白季轸。当时，白季轸任许昌县令，其县公事堂厅正处于修葺之中。白氏一族，世代以清简为训，白季轸谨遵奉行，未曾逾矩。借此，白居易便在厅壁上作《许昌县令新厅壁记》以记之。记中云："吾家世以清简垂为贻燕之训，叔父奉而行之，不敢失坠，小子举而书之，亦无愧辞。"此举，亦是一份无言的承诺。

承诺在前，道义在心，白居易这一生清白坦荡，正直清廉，确乎无愧此辞。不过，他这一生亏欠了一个深爱他的女子，那便是一直痴痴等候的湘灵。

这一次，白居易又回到了符离。不过，他是匆匆而来，又要匆匆而去了。

一朝及第，风光无限，他欣喜地告知湘灵，也期冀着未来的形影不离。不过，分别在即，唯有珍惜此刻的朝朝暮暮。

> 花非花，雾非雾，夜半来，天明去。
> 来如春梦几多时？去似朝云无觅处。
> ——《花非花》

谁都没想过，这一别，再见已是青丝白雪。可谁都应该想到，天上月与地上霜，本就不会有结局。可偏偏，一个爱得痴迷，一个爱得过于自以为是。

寒夜漫漫，白居易的心骚动着，辗转难眠。他着急去洛阳见母亲提自己的终身大事，也想念着在水一方的伊人，作诗《冬至夜怀湘灵》。

艳质无由见，寒衾不可亲。

何堪最长夜，俱作独眠人。

贞元二十年（804年）暮春时节，白居易举家迁至秦中下邽，居住在义津乡紫兰村，距离长安达百里。此后，他常常往返于长安与下邽之间。白居易曾在《泛渭赋》中言："十九年，天子并命二公对掌钧轴，朝野无事，人物甚安。明年春，予为校书郎，始徙家秦中，卜居于渭上。"在这里，渭上即是下邽。在秦代，下邽置县治，到了明洪武属渭南。在白居易之前，此地出了名将张仁愿，后又出宋相寇准，此后因"三贤故里"为人称道。

白居易曾以为，只要自己勤奋上进，入仕为官，母亲便不会横加阻拦自己与湘灵的婚事，可是，他错了，错的不只是对母亲的误判，还有对自己的误判。

陈寅恪在《元白诗笺证稿》中认为："唐代社会承南北朝之旧俗，通以二事评量人品之高下。此二事，一曰婚，二曰宦。凡婚而不娶名家女，与士而不由清望官，俱为社会所不齿。"文艳蓉也曾说："除了社会名声之外，在实际功用上，婚姻是官场中一条非常好的纽带，它往往对士人的宦途起到十分关键的作用。白居易自然也不能免俗。"

谁也不知道白母对白居易是如何说的，白居易心中究竟是如何想的，但不可否认的是，白居易在三十六时结识了杨汝士的妹妹，三十七岁与之成婚。再见湘灵时，适逢被贬江州，也已是十多年后的事了。

秋风荡漾，唯有一字一句聊慰风尘。既是闲职，也免不得偕同友人泛舟赏景，把酒吟诗。三两友人，对酒当歌，望秋水潺潺，枫叶瑟瑟，几点星雨，还有远处渐渐模糊的身影。

人生很难，可日子还得过。明河在天，知己在侧，如此人间处处便是烟火。从此，不再畏惧山高水长，日月如梭。

是年九月，徐州节度使张愔设宴，白居易欣然前往。宴酣之际，张愔特意请出了自己的爱伎关盼盼，为众人助兴表演《霓裳羽衣曲》。关盼盼时年十六，钿带罗衫，婀娜多姿，席间无不为之倾倒。据史载，白居易曾在场盛赞："醉娇胜不得，风袅牡丹花。"后来，张愔逝去，关盼盼独居徐州燕子楼，十余年未嫁。

自古风月之事，难免凄怆。任苍凉还是疏朗，滚滚红尘，即便碾成了尘，还要随风飘荡，播下一颗颗小小的种子，从北到南，从东到西，扎根，然后慢慢生长。

人生有时很奇妙，元稹先于白居易及第，成婚亦然，就连最后的死亡也是。元稹授予校书郎一职后，被京兆尹韦夏卿看中，选为了乘龙快婿，娶了其女韦丛。随即，元稹离开长安，去了洛阳。

朋友来了又去，哪怕是知己，也免不了离别。不过，在这一年，白居易结交了李绅、李建，依旧徜徉在山水之间，快意潇洒。

初登仕途，闲居自在，饮不尽的山川湖海，赏不完的风竹秋叶。一切，自在安然。

偶尔，他也深感世事之无常，身如一叶孤舟，辗转无依。直到乌云见日，以为终有一人可以停靠，孰料，而今还要继续漂泊。

天将降大任，运命很多时候难以自我掌控。失去了的，只能流失于风，残落于月，掩藏在心间，诉诸难以言表的笔端。

待天明，任淫雨霏霏，还是春和景明，整冠待发后，又该登向前途了。

第三章

浩浩暗沉中

长的是岁月，短的是人生。

生而为人，有血有肉。

见过众生，生就一副热心肠。

所以，才要偏执地把生活过

成诗的模样。

紫藤花下渐黄昏

闲居时，温一壶酒，灯火可亲。燃着的香渐渐化作心字，人沉沉地睡去，听不见窗外的风声。

一场秋雨，一场凉。而一场大雪，碎了一场梦境。

人生中有太多的变幻莫测，没办法预知，所以也来不及抵防。发生的刹那，才知风云诡谲，人生如蝼蚁。一瞬间，只觉渺小如一芥扁舟，满纸荒唐可笑。然而，人终究是人，非蝼蚁。没有了出路，那便开山自掘一线生机。困厄如乱石，大而杂，毫无章法。可人的思想如活水，生机盎然，源源不断。

如若梦也碎了，那就醒来，直面惨淡的风云，在万千变幻中坦然地再次崛起变身。

贞元二十一年（805年）正月，德宗卒，太子李诵即位，是为顺宗。即位前，侍读王叔文常给李诵讲黎民百姓的疾苦，以及应对良策。即位后，王叔文被委以重任，特授翰林待诏兼度支使、盐铁转运使。顺宗满腹壮志豪情，在王叔文的推举下仕韦执谊为相，并有意推行新政改革。于是，以王叔文、王伾为首，韦执谊、韩泰、陈谏、柳宗元、刘禹锡、韩晔、凌准、程异八人为核心的改革团体便顺势形成了。

韦执谊，是京兆人，如今在顺宗的应允下锐意改革，与元稹的岳父伟夏卿又是族兄弟，白居易仿佛看到了一丝曙光，踌躇满志地呈上了一封《为人上宰相书》。

> 通天下贵贱之道，自某始也。
>
> ……自古以来，斯道之弊，恐未甚于今日也。然则为宰相者，得不思变其风乎?
>
> ……主上践祚，未及十日，而宠命加于相公者，惜国家之时也；相公受命未及十日，而某献于执事者，惜相公之时也。夫欲行大道，树大功，贵其速也。盖明年不如今年，明日不如今日矣。

白居易在文中，直言要开启宰相直听下方的先河，力劝宰相趁早思变。只可惜，这洋洋洒洒的长篇未能得到宰相的赏识，最终石沉大海，不了了之了。三十四岁了，按七十的阳寿算，人生已过半，白居易此时却还只是一个小小的校书郎。思量间，他不免感慨万千，便作了一首《感时》。

> 朝见日上天，暮见日入地。不觉明镜中，忽年三十四。

勿言身未老，冉冉行将至。白发虽未生，朱颜已先悴。
人生讵几何，在世犹如寄。虽有七十期，十人无一二。
今我犹未悟，往往不适意。胡为方寸间，不贮浩然气。
贫贱非不恶，道在何足避。富贵非不爱，时来当自致。
所以达人心，外物不能累。唯当饮美酒，终日陶陶醉。
斯言胜金玉，佩服无失坠。

落寞怅恨之际，他不知道的是，此时朝廷正发生着一场巨变。

自"安史之乱"以来，藩镇割据愈演愈烈，宦官掌权，朝廷内政治混乱，宫市之下百姓苦不堪言。面对诸多弊患，王叔文立即着手政治改革，重用改革派。这些改革成员，都是低级官僚，他们提出反对藩镇割据、宦官专权，打击贪官、罢黜宫市……这一系列的改革措施直接触动了藩镇军阀、皇室权贵的利益。

改革以奔雷之势，如火如荼地开展着。孰料，就在这时唐顺宗忽然中风，无法言语，更不用说执政继续改革了。太子李纯，早已对顺宗心生不满，趁此意图拔除锐意改革的新贵。而王叔文、韦执谊等人见势，仅在一百多天内，竟提出三十三条改革措施，加快了革新步伐。

朝堂之上，多的是钩心斗角，阴谋诡诈。很快，唐顺宗被迫退位，太子李纯荣登宝座，是为宪宗。贞元二十一年（805年）八月，历史就此改写，改年号为永贞。白居易迟迟没有等来一展宏图的机会，等来的却是"二王八司马"纷纷落马的消息。永贞元年（805年）初冬，身为改革首领，王叔文、王伾被贬为开州和渝州司马。刘禹锡、柳宗元等八人，俱被贬出京城任司马。这段不过半年的改革历史，被称为"永贞革新"。

几多期冀，几多伤悲，时不我待，人心难测又凉薄。与元稹把酒言欢时，白居易得知韦执谊的岳父杜黄棠曾担任过宰相之职，但那又如何？很多关系仅限于表面，甚至表面上本就不合。革新失败，韦执谊被贬海南，蛮荒之地，前途未卜。岳父不曾出面搭救，族兄韦夏卿也未曾进言说情。包括王叔文，二人看似关系要好，实际不过是利益相关。韦执谊未任相之前，有意攀附王叔文，拜相后故意疏远，甚至与之唱反调，还想除之而后快。

名利场，表面风平浪静，深处皆是刀光剑影，深邃得可怕。白居易心底那颗炽热的济世之心，顷刻间结了厚厚的冰。身处朝堂，进退在朝夕之间，哪怕是当朝权臣也不能逃脱。念及此，他落墨间挥就一篇《寄隐者》。

> 卖药向都城，行憩青门树。道逢驰驿者，色有非常惧。
> 亲族走相送，欲别不敢住。私怪问道旁，何人复何故。
> 云是右丞相，当国握枢务。禄厚食万钱，恩深日三顾。
> 昨日延英对，今日崖州去。由来君臣间，宠辱在朝暮。
> 青青东郊草，中有归山路。归去卧云人，谋身计非误。

往昔不可逆转，只能随着秋风悄无声息地掩埋，渐渐腐烂。正当白居易沉溺在进退中徘徊不定时，耳边传来了"二王八司马"等人的死讯。王伾到任后不久病死，韦执谊死在了崖州，而王叔文最终被赐死。

自李纯即位后，任用贤士，重整朝纲。他在位期间，励精图治，削藩取得了重大成果，极大地加强了中央集权，史称"元和中兴"。

是年，牛僧孺、杨嗣复、李宗闵、陈鸿等人进士及第。而白居易依然担任小小的校书郎，身份低微，人微言轻。或许，也正是如此，当年他呈给丞相的信才迟迟未得到回复。眼看革新无望，新贵好友们一个个下场凄惨，前途渺茫，满腹惆怅。

草木凋零，花开花落，一切是自然景色，本应无所谓欢喜，无所谓悲伤。然而，头上顶着一轮明月，心底涌动着一条汨汨的河，所以，石上泉、松间月，春花、夏日、冬雪，一点残痕，两三雁声，也都有了悲喜。

又是一年冬，李纯改年号为元和。元和元年（806年），白居易的任期已满，罢校书郎一职。后来，他在《策林序》中写道："元和初，予罢校书郎。"一个"罢"字，像一把坚硬的匕首，直戳中白居易的心脏。

光阴转瞬即逝，来不及防备，便要偷偷溜走。人生不是小溪，是条曲折而又奔涌的河。河岸杨柳依依，百花争春，又有青山巍峨，猿鸟齐鸣，可周遭的风景再令人心醉，都无法抹去心底的惆怅。把红叶看穿，钟声听尽，紫藤赏遍，也只能得到片刻的慰藉。幽幽芳草，淡淡芬芳，香气弥漫在空气里，轻抚着难以愈合的伤口。此刻，灯火燃起，渐渐黄昏。

慈恩春色今朝尽，尽日徘徊倚寺门。

惆怅春归留不得，紫藤花下渐黄昏。

这首《三月三十日题慈恩寺》，清新直白，道尽了白居易心中的惆怅。偌大的长安，举目无亲，有一官半职得以立足，实属不易。如今，即便自己有心停留，上无亲族，又岂是能轻易做到的！眼看着春色归去，黄昏渐来，白居易徘徊着，迷惘着……

是年春，白居易、元稹等人校书郎一职期满，都离开了兰台秘书省。根据唐朝官制，任期满者先卸任，后可进入"守选"之中，通过继续苦读参加制举策考，"文策高者，特授以美官"。此类考试，大抵与进士考、铨考的内容相当，主要考察针对民生国计所提出的意见。不同的是，皇帝会亲自进行策问。

与元稹商定参加制举策考后，二人一起住进了上都华阳观。无数个夜以继日，他们闭门不出，潜心研习，废寝忘食地合力写文，以应对接下来的考试。最终，写成了《策林》七十五篇。后来，白居易为其作序，言："与元微之将应制举，退居于上都华阳观，闭户累月。揣摩当代之事，构成策目七十五门。"

付出多少汗水，便会有多少收获。考场上，千名考生先享用了皇帝赏赐的佳肴，后撤盘上笔墨纸砚，气氛十分凝重。白居易与元稹安坐其中，气定神闲，提笔落墨间，一挥而就，酣畅淋漓。可惜的是，此次新帝刚登基不久，未曾亲临，主考官是礼部员外郎韦贯之和中书舍人张弘靖。

这一年，白居易三十五岁了。在千人角逐的文场上，最终排名第四，判官称其"策对语直"。而元稹，表现非常，位居榜首。

历经三次大考，人生也走了一半。这是新的起点。

宦海沉沉，似乎容不得半分直接。直言，究竟是一种诚恳，还是一种轻率？作想作的文，写想写的诗，还是顺势而为，曲意逢迎？做真正的自我，还是做别人眼中的自我？这是一生都要面对的课题。

一为趋走吏，尘土不开颜

碧草葳蕤，苍穹辽阔。怎奈，风起又摇烛火，凉夜中孤影单薄。

飞蛾选择毁灭，头也不回地扑向熊熊的烈火。骑上骏马，越过重重的山，跨过层层的波，有风骨的文人墨客又怎会闭口不言、保持缄默？

经过制举科考后，元稹官任左拾遗，而白居易因言论过激，授京兆府周至县尉。

根据《元和郡县图志》和《新唐书·地理志》，县分七级，分别为赤县、畿县、望县、紧县、上县、中县及下县。周至属于畿县，白居易在此担任县尉，算是副县长，一管公安政法，二管税收稽查。职责重大，事务琐杂，是份苦差。杜甫当年被授河西县尉，坚决不赴任，直言："不作河西尉，凄凉为折腰。老夫怕趋走，率府且逍遥。"高适曾任两年封丘县尉，满腹牢骚，说："不是鬼神无正直，从来州县有瑕疵。"在县衙当差，常常要直面百姓，直面社会矛盾，完成各种任务指标。上面的官员不断施压，下面的百姓又不配合，实在是苦不堪言。

刚到周至，白居易就看到了满池的污浊，心中万千不满。或许，不满的正是这县尉一职。他在《京兆府新栽莲》中写道：

> 污沟贮浊水，水上叶田田。我来一长叹，知是东溪莲。
> 下有青泥污，馨香无复全。上有红尘扑，颜色不得鲜。
> 物性犹如此，人事亦宜然。托根非其所，不如遭弃捐。
> 昔在溪中日，花叶媚清涟。今来不得地，憔悴府门前。

人生在世，总有太多的无可奈何。白居易刚到任不久，朝廷出兵征讨刘辟，途经周至物资缺乏，催促集资的事便落到了白居易的头上。高适曾言："拜迎长官心欲碎，鞭挞黎庶令人悲。"此等对上讨好、对下欺凌的事，白居易自是万分不情愿。在《周至县北楼望山》一诗中，他道出了自己的强烈不满。

> 一为趋走吏，尘土不开颜。
> 辜负平生眼，今朝始见山。

如果说，集资正是为了前线的战事，即便肝脑涂地也甘之如饴。然而，事实并非如此。县令打着战事的名义，额外催收征缴，时刻等着应对上级的剥削。身在官场，正如那污浊的池沼，其身再正，莲的外身总免不得沾染泥泞。一面是不可推脱的责任，一面是不想违背的道德良知，白居易进退两难。于是，他索性称病无法担此重任。县令见状，只能给白居易请来最好的郎中。

一日，白居易外出到一片原野之上准备散心，却看到一幕凄凉的景象：农家的粮食都上交征缴了，饥肠难耐，只好在炎炎夏日下悬筐捡拾残留的麦穗，以此来充饥。见了这番景象，白居易想到自己一年三百石俸禄，而这些百姓竟然食不果腹，内心愧疚难当，久久不平。于是，写下了千古名篇《观刈麦》。

田家少闲月，五月人倍忙。

夜来南风起，小麦覆陇黄。

妇姑荷箪食，童稚携壶浆。

相随饷田去，丁壮在南冈。

足蒸暑土气，背灼炎天光。

力尽不知热，但惜夏日长。

复有贫妇人，抱子在其旁。

右手秉遗穗，左臂悬敝筐。

听其相顾言，闻者为悲伤。

家田输税尽，拾此充饥肠。

今我何功德？曾不事农桑。

吏禄三百石，岁晏有余粮。

念此私自愧，尽日不能忘。

在中唐以前，一贯施行的是均田制，残弱者、寡妇、十八岁以上的男子均可得到固定的田亩。这些分配的田地，可世代继承，也可买卖。另外，朝廷还施行租庸调制。每年，百姓需向朝廷上缴一定的赋税，是为"租"。上缴一定的丝麻绫棉，是为"调"。服役，被称为"庸"。不过，朝廷对服役无强制要求，可用布绢相抵。在这样的制度下，朝廷和百姓各得所需，国泰民安。

然而，"安史之乱"爆发后，百姓颠沛流离，户册流失，均田制和租庸调制无法继续施行。于是，在德宗时期便开始采取"两税法"，按照财产多少上缴征税。可百姓多贫困，便不得不出卖自家土地，然后向富商租地耕作。税收上交后，百姓一度又陷入贫困。结果，百姓无田可种，又无钱可租地，贫困潦倒，乃至饥肠难耐，甚至如李绅所写那样"四海无闲田，农夫犹饿死"。

白居易诗中所写"家田输税尽，拾此充饥肠"，正是在这样的背景下发生的，让人慨叹，悲伤，而又无奈。

屋漏偏逢连夜雨。就在白居易惆怅无奈之际，好友元稹被贬为河南县尉。更令人悲伤的是，元稹的母亲和岳父也接连逝去。

九月，骤雨不停，庭院的梧桐叶残落了一地，木槿花萧条，也失去了应有的颜色。早秋天气，一片幽情生在闺中，满是凄怆。知交从来不在多，心灵相通，才是最重要的。只可惜，两相受挫，遥远的长安仿佛已是一座空城。

现实与理想总在不停地拉扯，无计挣脱，更不能就此沉沦。十二月，白居易与在周至相识的陈鸿、王质夫一同游仙游寺。

寒冬凛冽，红叶灼灼，小潭渐闻水声，潭底水尤清冽，瑟瑟中不觉有些清寒。三人围坐一团，野性相投。温一壶酒，迎着风，俯看绿苔遍地，仰望云卷云舒，闲情逸致之下畅谈天下政局。酣饮之际，忽然提到了唐玄宗，大谈"安史之乱"，帝王纵情声色，宦官当道，百姓民不聊生。聊到马嵬兵变之时，白居易的眼中似乎有些湿润，沉默不语，只是一味喝酒。

记忆是条长长的线，即便沧海桑田，物是人非，每每日上梢头，杨柳依依，谈笑间但凡勾起那根深埋的弦，便会奏出一曲荡气回肠的哀歌。不知陈鸿、王质夫是否察觉白居易的异样，二人力劝据此事落笔成诗。白居易没有推脱，约定以三日为期写成。

自古红颜多薄命，问情为何物，直教人生死相许。提笔落墨间，多的是对国事的慨叹，更有对情事的叹息，行云流水中，《长恨歌》不久便诞生了。

汉皇重色思倾国，御宇多年求不得。

杨家有女初长成，养在深闺人未识。

天生丽质难自弃，一朝选在君王侧。

回眸一笑百媚生，六宫粉黛无颜色。

春寒赐浴华清池，温泉水滑洗凝脂。

侍儿扶起娇无力，始是新承恩泽时。

云鬓花颜金步摇，芙蓉帐暖度春宵。

春宵苦短日高起，从此君王不早朝。

……

含情凝睇谢君王，一别音容两渺茫。

昭阳殿里恩爱绝，蓬莱宫中日月长。

回头下望人寰处，不见长安见尘雾。

惟将旧物表深情，钿合金钗寄将去。

钗留一股合一扇，钗擘黄金合分钿。

但教心似金钿坚，天上人间会相见。

临别殷勤重寄词，词中有誓两心知。

七月七日长生殿，夜半无人私语时。

在天愿作比翼鸟，在地愿为连理枝。

天长地久有时尽，此恨绵绵无绝期。

　　赵翼曾在《瓯北诗话》中评："以易传之事，为绝妙之词，有声有情，可歌可泣。文人学士既叹而不可及。"在赵翼看来，这是首千古绝作，言辞简洁，平易中饱含精纯，笔快如剪，锐如昆刀，又受女子喜闻乐诵，故此传遍天下。

　　历经几番风雨，见证几多灰暗，白居易的笔早已染上了锋利的刀刃，情肠也愈加幽深。唐玄宗，正如天上月，又如穿顶之端的太阳，白昼与黑夜相交，毁誉参半。起初，他励精图治，重用姚崇、宋璟等贤才，开盛世之太平。而后，耽溺女色，宠信奸佞，国家陷入长期的混乱，"安史之乱"彻底让大唐陷入了深渊，唐玄宗自己也因此痛失所爱。

这首诗是借咏叹历史人物，抒发自己的情思。要知道，白居易少时与湘灵相识，娶其为妻是他的渴望。怎奈门第不当，母亲阻拦，时过境迁终归于路人。《长恨歌》所谓长恨，大抵在于历史不可逆，世俗难挡，遗憾永无弥补之可能。更在于，自身才是最大的始作俑者。打破规定，便可获得，可偏偏原本可以的事，却选择了妥协与怯懦。

滚滚红尘，抛不尽相思红豆，走不出过往，便只能以诗歌为寄，在清梦里重复上演一场场悲欢离合。

兰泽芳草，不胜良多。可不论在天涯海角，心中始终有一人驻足。春夏秋冬，四季轮回，心底的执念随着岁月的流光渐渐播散下一颗种子，深深地扎根发了芽。

牡丹花尽始归来

元和二年（807 年），又是一年新春。

绿叶阴浓，柳絮翻飞，叶间的黄鹂不住地啼叫，呼唤着万物的复苏。灼灼桃红，开遍了庭院，唯独没有蔷薇。

先前同王质夫游仙游寺，寒冬时节恰好错过了蔷薇，未曾一饱眼福。可喜的是，知心好友派人给白居易送来了新挖的蔷薇。先挖坑，再细心栽种、培土，最后浇水滋养，激动之余驻足轻抚。

爱花之心，不知从何时起愈加浓烈。那些没看的景，没见的人，错过了便是错过了，本质上无法挽回。纵是好景如昨，伊人重现，那份心境也早已变了。不过，偶然间依旧会慨叹，心情像是结了冰，温度愈加冷，幸福剥落得愈加彻底。时而，戏谑人生如梦，情缘难定，不如把新栽的蔷薇花当作余生的伴侣，予她一世温存。

人生，终究苦涩太多，所以要做一个浪漫的人，于浪漫处，与爰相逢。为此，白居易特执笔写了首《戏题新栽蔷薇》。

移根易地莫憔悴，野外庭前一种春。
少府无妻春寂寞，花开将尔当夫人。

因《长恨歌》，白居易声名远播，宴饮之上认识了不少俊杰。其中，就有白居易未来妻子的族亲杨氏兄弟。杨汝士，出身世家，正准备科考，听闻白居易诗文名声在外，几番拜见，除了一睹风采，也是想得到他的指点。一来二去，白居易便成了杨家的常客。而杨宅坐落在长安城的靖恭里，距离元稹的靖康里也不远，顺道去时，正好可以探望丁忧在家的元稹，并给他送去必要的物资。

一日，白居易正在杨汝士家做客，席间谈起了宴饮中曾相识的杨弘贞。杨汝士直言这位仁兄已离世，死时不足三十岁。命运自是无常，白居易也常哀感叹息。听罢，喃喃吟道：

赋句诗章妙入神，未年三十即无身。
常嗟薄命形憔悴，若比弘贞是幸人。

——《见杨弘贞诗赋因题绝句以自喻》

沉吟间，杨汝士又提到了叫关盼盼的歌伎，说此女子是张愔的爱伎。张愔为武宁节度使，后患病去世，朝廷追封为右仆射。此后，府宅人去楼空，姬妾各自逃离，唯有关盼盼为其守节，独居张愔生前兴建在徐州的燕子楼。听到这熟悉的名字，白居易岂会不知！他之前正好受张愔邀请前去参加宴会，席间也一睹过关盼盼的风采。只是没想到，红颜薄命，落得如此下场。

酣饮之际，月渐西沉。当晚，白居易便在杨家歇息了。辗转难眠间，白居易时常想起杨汝士白日里所讲，心有所感，写了一首《感故张仆人射诸妓》。

> 黄金不惜买蛾眉，拣得如花三四枚。
> 歌舞教成心力尽，一朝身去不相随。

月有圆缺，人有离合，世间本来就有很多难以预料的事。摊上不幸，那就是命，万般不由人，就当作认识自己的契机。如有好的机会，便要牢牢抓住，然后华丽转身。

秋季悄然而至，落日的残霞渐渐消散，轻烟弥漫在老树间，飞鸟归去，只剩一城白草、满山红叶，以及墙隅的几许黄花。值此之际，白居易忽然被朝廷召回，任京兆府考官。试毕，为集贤院校理。后来得知，大学士武元衡上奏请求增补"集贤校理"人员，自己这才有机会回长安。十一月五日，又授翰林学士。

翰林学士，自肃宗、德宗后开始独自分离出"翰林学士院"，成为朝廷的核心成员，开始参与政事。人员共六人，领班的被称为"承旨"。《旧唐书·白居易列传》中记载,"居易文辞富艳,尤精于诗笔……章武皇帝纳谏思理,渴闻谠言。二年十一月召入翰林为学士"。

凭借着出众的才华,白居易在周至仅任职一年零两个月便回到了长安。当时,翰林院的成员有崔群、李程、王涯、李绛、裴垍,加上白居易正好六人。其中,崔群与白居易是熟识,出身山东望族。其他四人也是才华横溢的风雅人物,常与白居易把酒吟诗来往。这一年,弟弟白行简也进士及第,一时间春风得意,风光无限。

回到了长安,白居易照常出入杨家,把酒言欢,惬意潇洒。久而久之,便认识了杨汝士的妹妹。一日半夜,夙夜难寐,便行至院中,吟了一首《宿杨家》。

> 杨氏兄弟俱醉卧,披衣独起下高斋。
> 夜深不语中庭立,月照藤花影上阶。

围墙之内,有幸识得了一位世家小姐,温良有礼,体贴大方。可是,白居易的心里还是有一丝落寞。他站在庭院中默默不语,眼看着月影斑驳,不知是否想起了还在符离的湘灵。

或许,真情终难敌世俗,爱情终难敌道德人伦,为官者须得有位贤内助,为人子须得恪尽孝道。人啊,还是得认清现实。

某次,白居易一连在杨家住了十几天,在《醉中留别杨六兄弟》中写道:

春初携手春深散，无日花间不醉狂。

别后何人堪共醉？犹残十日好风光。

作为朋友，兴之所至，与朋友把酒言欢十几日也在情理之中。然而，当初春转为暮春，不得不分别时，白居易直言："数日非关王事系，牡丹花尽始归来。"言下之意是，再过不久，他还要登门把酒言欢。既然不谈政事，到底是什么让白居易如此迷恋杨家呢？或许，杨妹才是关键之所在。

元和三年（808 年），白居易已经三十七岁了。四月二十八日，授予左拾遗一职，依旧任翰林学士。当时，策试"贤良方正能直言极谏科"正当大考，牛僧孺、皇甫湜、李宗闵等人针砭时弊，肆意反对无所避讳，颇受考官韦贯之、裴垍、王涯等的欣赏，最终顺利及第。可宰相李吉甫认为这些人言辞过激，便向唐宪宗控告王涯包庇自己的外甥皇甫湜，指控王涯、裴垍等隐瞒实情。不久，韦贯之等人纷纷被罢去官职，被贬他处。迫于大臣的压力，唐宪宗将李吉甫于夏秋之际也贬出了长安，任淮南节度使。

眼看着自己的好友一个个身陷囹圄，白居易身为左拾遗，直言劝谏是他的职责，随即便上书《论制科人状》，望唐宪宗明察。除此外，他还直言："若以臣此言理非允当，以臣覆策事涉乖宜，则臣等见在四人，亦宜各加黜责，岂可六人同事，唯罪两人？"在这里，白居易不惜牺牲自身前途意图力挽狂澜，可帝王终究是帝王，陈情再多，也于事无补。

此后，朝廷内部的旧贵族、宦官与改革派的斗争不断。李吉甫之子李德裕、郑覃等人与李宗闵、牛僧孺等人相争达四十年，从唐宪宗开始，结束于唐宣宗，史称"牛李党争"。

夏日炎炎，佳木繁盛，一阵风，又一阵雨，满城荷香，一腔烦忧。宦海浮沉，几多艰险，一着不慎，顷刻即从巅峰跌落谷底。为官，为生民立命从不敢忘。可为人，享世间情爱，交志同道合之友人，也是人之常情。何况身处朝堂，祸福难料，有了姻亲的协助，路总归是好走些。

于是，这年夏天，白居易娶了杨汝士的妹妹，了却了母亲的一桩心事，也斩断了自己与湘灵二十多年的情缘。人生本就充满了选择，鱼与熊掌，总得选一个。不然，在徘徊犹豫间，一个个都要失去了。既然选择了，那便要对自己的选择负责，日后冷暖，自负盈亏。

爱人，不一定是最令人满意的。但，结婚实乃大事。随着纳采、问名、纳吉、纳币、请期、亲迎的程序一步步到位，白居易终于将杨妹娶回了家门。杨妹是世家小姐，自然希望夫君扶摇直上，平步青云，自己则恪守本分，相夫教子。白居易志在兼济苍生，然而生性淡泊，谨遵白氏遗训，以清简为一生信条，非好名贪利之徒。为了让夫人明白心中所想，白居易特作了一首《赠内》。

生为同室亲，死为同穴尘。

他人尚相勉，而况我与君。

黔娄固穷士，妻贤忘其贫。

冀缺一农夫，妻敬俨如宾。

陶潜不营生，翟氏自爨薪。

梁鸿不肯仕，孟光甘布裙。

君虽不读书，此事耳亦闻。

至此千载后，传是何如人？

人生未死间，不能忘其身。

所须者衣食，不过饱与温。

蔬食足充饥，何必膏粱珍？

缯絮足御寒，何必锦绣文？

君家有贻训，清白遗子孙。

我亦贞苦士，与君新结婚。

庶保贫与素，偕老同欣欣。

　　白居易选择了，便想好了与她举案齐眉，清白做人，生同
衾，死同穴。

　　只是，每当午夜梦回，心底的白月光会不会忽然浮现在眼
前，他又会不会后悔当初的选择？

屡次进言遭贬

人生中，有薄雾亲吻烟霞，也有枯叶凋零，茕茕孤影。

所以，但凡拥有的，要格外珍惜。

面对亲友，常思冷暖，于晴日推杯换盏，于雨天赠诗酬和。

在其位，则当谋其政。歌民生之痛楚，思粉身以报殊荣，朝朝暮暮，岁岁年年。

白居易所任左拾遗，官从八品，以供奉和进谏为己任。针对朝廷政事，可直接谈议朝纲，针砭时弊，向帝王进言献策。从周至调回京师，后任翰林学士，又授左拾遗，白居易深知这是唐宪宗对自己的器重。感激之余，也惴惴难安。他在《初授拾遗献书》中提及："授官已来，仅将十日，食不知味，寝不遑安。唯思粉身，以答殊宠……"不仅如此，他还特意写了一首《初授拾遗》来言其心志。

奉诏登左掖，束带参朝议。何言初命卑，且脱风尘吏。
杜甫陈子昂，才名括天地。当时非不遇，尚无过斯位。
况余寒薄者，宠至不自意。惊近白日光，惭非青云器。
天子方从谏，朝廷无忌讳。岂不思匪躬，适遇时无事。
受命已旬月，饱食随班次。谏纸忽盈箱，对之终自愧。

面对他人的赏识，以及身上济世的重负，有压力在所难免。不过，唯有跨过山海，转压力为动力，才可手摘星辰，俯瞰盛世。

元和三年（808 年）九月，淮南节度使王锷贿赂宦官，以谋求宰相之位。

王锷，字昆吾，太原人，曾在湖南任营将时认识了被贬的杨炎。德宗即位后，杨炎拜相，王锷也得到了重用，后因屡建战功，不久便授予容管经略使一职。在任广州刺史、岭南节度使时，王锷大肆贪污，将交予朝廷的税收交足后，结余据为己有，或用以商贸活动，或笼络朝中权贵。他自知行为不当，恐遭诟病诽谤，便主动向朝廷进献钱财两千万，李绛上书言："锷虽有劳，然金望不属，恐天下议以为宰相可市而取。"唐宪宗听罢，并未表态。

白居易见状，自是不愿此等贪污腐败之人拜相，一来有辱圣明，二来后患无穷，破坏了大唐官员的升迁制度。念及此，白居易即刻挥笔写成了《论王锷欲除官事宜状》，呈给了唐宪宗，顺便给元稹也抄送了一份。

"今若授同平章事，臣恐四方闻之，皆谓陛下得王锷进奉而与宰相也"，这句话言辞犀利，将矛头直接指向了唐宪宗。元稹读了，不免为白居易担忧，回信特意提醒。白居易何尝不知！可身为人臣，自当进谏忠言，岂能因福祸而畏缩。这就是白居易，敢于直言，不畏生死，为君忠心耿耿。所幸，唐宪宗听从了白居易的建议，未任王锷为宰相。可就在六年后，王锷依然受到了提拔，坐在了宰相的位子上。不过，任职一年便病逝了。

元和四年（809 年），白居易三十八岁，进谏的火苗愈加猛烈。他屡陈时政，作《缘今时旱请更减放江淮旱损州县百姓今年租税》《请拣放后宫内人》等。谏言听多了，言辞又激，唐宪宗心中大为不悦。更让唐宪宗不快的是，白居易作《八骏图》，以诗暗喻他热衷游乐，不思朝政，作《海漫漫》，暗讽他信奉神灵，谋求长生不老。

自古忠言逆耳，劝谏帝王终是一条不归路。前方是险滩，是激流，也有可能是悬崖峭壁，一不小心便会跌得粉碎。可白居易时刻谨记当初的誓言，"唯思粉身，以答殊荣"。他早已做好了准备，哪怕如飞蛾般扑火而亡，也在所不惜。

春风吹绿了原野，又吹红了桃花，雨花轻溅，泛起层层的涟漪。万物新生，窗外竹、门前柳、桥上月，就连行归的路人，似也改头换面了。

此刻，各地藩镇依然野心勃勃，改革势在必行。于是，唐宪宗召回了被贬在外的裴垍。

好友相去的日子里，独卧松斋，迎着清风明月，一把素琴，数本诗书，聊以自娱。归来后，欣喜之至，夜间直入君门，直至晚间才回到自己的庐舍。有友的岁月才叫生活，否则只是按部就班、理智地活着。良友在侧，人间有了烟火，心底的诗歌王国又开始满血复活。

春始，白居易积极响应李绅、元稹，作《新乐府》五十首。在《新乐府》组诗中，诗人从唐高祖武德写到当代宪宗，涉及宗教、军事、政治、经济、文艺等各方面，陈其弊病，饱含对天下苍生、江山社稷的忧心与关怀。白居易为《新乐府》自作序言，说道："凡九千二百五十二言，断为五十篇……总而言之，为君、为臣、为民、为物、为事而作，不为文而作也。"陈寅恪先生评论说："质而言之，乃一部唐代《诗经》。"

在《卖炭翁》中，白居易直抨"宫市"制度，道出了无数黎民百姓的凄怆，有力控诉了宫市强取豪夺的蛮横行径，表达了对百姓的无限同情。

卖炭翁，伐薪烧炭南山中。满面尘灰烟火色，两鬓苍苍十指黑。卖炭得钱何所营？身上衣裳口中食。可怜身上衣正单，心忧炭贱愿天寒。夜来城外一尺雪，晓驾炭车辗冰辙。牛困人饥日已高，市南门外泥中歇。翩翩两骑来是谁？黄衣使者白衫儿。手把文书口称敕，回车叱牛牵向北。一车炭，千余斤，宫使驱将惜不得。半匹红纱一丈绫，系向牛头充炭直。

白居易等人，不顾个人安危，集体而唱，将诗歌与政治联系在一起。这类用新题写时事的诗，被称为新乐府诗，紧承杜甫的写实风格，"非求宫律高，不务文字奇，惟歌生民病，愿得天子知"。

白居易怀着一腔深情，大步流星地昂首前行。纵使君王不纳谏言，朝承恩，暮即死，也要秉持一颗素心，立于天地宇宙间。

来不及实现宏愿，便要匆匆而别。春夏秋冬，朝朝暮暮，不知哪天才会相见。二月，元稹除监察御史，三月使蜀。元稹一路向西而行，白居易与弟弟白行简、李杓直同行出游。绿叶葳蕤，水波荡漾，勾起了白居易无限的情思。天地之大，好友良多，可元稹只有一个。无论自己身在何处，他又去往哪里，心底始终记挂着彼此。席间，春愁翻涌，情自难禁，便写了这首《同李十一醉忆元九》。

> 花时同醉破春愁，醉折花枝作酒筹。
> 忽忆故人天际去，计程今日到梁州。

元稹抵达梁州后，一时的陌生感让他恍了神，梦中他与白居易等人同前往曲江、慈恩寺游玩。孰料，亭吏一声呼喊，才知是在做梦。或是过于想念，才会念念不忘，便赶紧挥笔记下，题为《梁州梦》。

梦君同绕曲江头，也向慈恩院院游。

亭吏呼人排去马，忽惊身在古梁州。

美梦初醒，便要坦然接受，更要秉持初心为民办事。于是，他在当地大胆行事，查办冤案，弹劾不法官员，收到了民众的一致赞誉。元稹将此事写在了诗中，白居易看罢，回信称："其心如肺石，动必达穷民。东川八十家，冤愤一言伸。"

六月，元稹的直言弹劾遭到了朝廷旧官僚权贵及藩镇集团的报复，被贬至东台。七月，妻子韦丛因病而逝。一时间，巨大的痛楚吞噬着元稹的心脏。

夏日，灼热难耐，可元稹的世界落了霜，下了雪。

她，是世家小姐，嫁给了元稹这个贫士。体贴温柔，不在意荣华富贵，愿把野蔬当成美味，用落叶、枯枝当作柴薪，愿为所爱之人拔钗沽酒。如此佳人，可惜红颜如霜，早早被大雪掩埋。

情深而缘浅，只能终夜将眼睁开，将心爱的人思念。

多情如元稹，妻子死后，作悼亡诗多篇，尤为著名的便是三首《遣悲怀》和五首《离思》。字里行间，抛不尽相思红豆，滴不完绿水悠悠，如泣如诉。

世间的因缘难定，福祸难料。好在，有相交之人，能把酒言欢，又能风雨同舟，妙的是，还心有灵犀。如此，苦痛的日子也有了欢畅，多了些晴空暖阳。

十月，唐宪宗意图讨伐王承宗。然而，白居易力言不应急于求成，更不应任宦官吐突承璀为统帅前去征伐。而后，他更是三次上奏求罢讨王承宗，俱无效。战事败后，白居易被授为京兆府户曹参军，仍然任翰林学士。

历史的长河滚滚向前，风雪一更，猝不及防。

茫茫黑夜里，穹庐摇坠，万帐灯火通明。

生而为人，温饱、仕途、性命，固然一等重要。然而，这世间总要有人做指明方向的灯，照耀万千瓦舍。

更种悲忧恨

春草初生，绵延无边。饮一壶酒，临着风，贪享片刻的温存。

生离、死别，还在路上，恰如春草绵延。

淋过雨，下过雪，总以为心底有了防备，不会慌乱，可以沉着应对未来。现实却是狂风大作，乌云压逼着大地，大雨漫上了屋檐，心好似缺了一块。

学会接受，更要学会释怀，约三两好友，围炉煮酒，窗外灯火昏黄，静看时光荏苒。放下，并不容易，那就以诗为寄，随风思念。

元和五年（810 年）二月，白居易在长安为元稹送行。

元稹刚经历了失妻之痛，此时又要遭遇贬谪，离开长安，离开有朋友的地方。老天总是这样，喜欢给没伞的人下雨，给伤心的人下雪。不过，这场雪，真下得冤枉。

事情是这样的。起初，元稹弹劾了违法的河南尹房式，照理弹劾不法官吏不足为过。但是，他一个小小的八品官员，竟拘禁了三品大员，而这个大员还是名臣房玄龄之后，从属旧官僚团体。于是，唐宪宗一怒之下停了元稹的俸禄，命他火速赶回长安。

回京途经华州，天色已晚，元稹便入住敷水驿。当夜，人声鼎沸，吵得人难以入眠。推门而出才知，是以刘士元、仇士良为首的一群宦官也到了此处，正吵着要上房。驿吏解释上房已满，有客已住下，这些宦官却仗着自己承受皇恩，非逼住在上房的元稹给他腾房。面对此等奸恶之徒，元稹自是不愿相让，孰料刹那间鞭起又落，一通抽打，随身衣物一并被抛出屋外。一介文弱书生，和这些小人讲不通，又不会武，只得落荒而逃，待回到京城再上奏圣上主持公道。

理想终归是理想，小人终归是小人。刘士元等人回京后反咬一口，告元稹蛮横无理。唐宪宗听信谗言，一道圣旨便将元稹"贬为江陵士草参军"。

根据唐代律令，诏书已下，被贬臣子必须次日即刻启程，不得在京城滞留。见状，白居易、李绛、崔群纷纷上谏，力求唐宪宗收回成命。可惜，唐宪宗并未松口。

为了保住知交好友，更是为了大唐，白居易连夜赶写奏折，次日早匆匆上朝，以期力挽狂澜。可惜，还是无法唤醒沉睡的巨龙，元稹终究必须离开。

那天，白居易当班不能远送，穿过街巷，转过街角，带着些许的寒意，满眼凄楚。驻足，默默无语。挥手，再挥手，泪湿了衣袖，人渐渐消失在了人海。匆忙间，白居易让三弟白行简把自己写的二十章新诗送给元稹，唯愿山高水长，以解烦闷，来日再会。

元稹离京不久，白居易就因一再进言被授为京兆府户曹参军。白居易知道，这表面看似升了职，手拿高俸禄，其实是贬黜，不过是想让自己远离朝廷罢了。

既然俸禄有余，又可远离朝廷这个污秽之地，自后清风明月，桃李成春，饮酒作诗，倒也逍遥自在。无法改变，那就坦然接受。如此，白居易欣然写下了《初除户曹，喜而言志》。诗中言："诏授户曹掾，捧诏感君恩。感恩非为己，禄养及吾亲……人生百岁期，七十有几人。浮荣及虚位，皆是身之宾。唯有衣与食，此事粗关身。苟免饥寒外，馀物尽浮云。"

真正的知己，不仅能雪中送炭，还能读懂彼此心底的独白。知白居易者，莫过于元稹。当元稹得知白居易出任京兆府户曹参军后，立即作了首《和乐天初授户曹喜而言志》。

王爵无细大，得请即为恩。君求户曹掾，贵以禄奉亲。
闻君得所请，感我欲沾巾。今人重轩冕，所重华与纷。
矜夸仕台阁，奔走无朝昏。君衣不盈箧，君食不满囷。
君言养既薄，何以荣我门。披诚再三请，天子怜俭贫。
词曹直文苑，捧诏荣且忻。归来高堂上，兄弟罗酒尊。
各称千万寿，共饮三四巡。我实知君者，千里能具陈。

感君求禄意，求禄殊众人。上以奉颜色，慊以及亲宾。

弃名不弃实，谋养不谋身。可怜白华士，永愿凌青云。

虽然元稹远在江陵，但那份牵挂还在。元稹知道，白居易看似欢喜，实则悲凉。他正直敢言，即便相隔千里，那颗忠君上谏的心依然还在。他有凌云志，只是现在没了实权，只能佯装欢喜。再多的安慰也无法抚平他内心的伤，唯愿他心底的壮志永不泯灭。

中秋时节，月华如水，桂香随风飘荡。砧声阵阵，催动了天上的寒霜。一群大雁倏忽而过，嘹亮的叫声唤起了在外的离情，敲击着剪不断的残愁。闲坐静默无语，树影婆娑，白居易独自望月，伤情处作《八月十五日夜禁中独直，对月忆元九》。

银台金阙夕沈沈，独宿相思在翰林。

三五夜中新月色，二千里外故人心。

渚宫东面烟波冷，浴殿西头钟漏深。

犹恐清光不同见，江陵卑湿足秋阴。

沉沦，是人之常情。挣脱，方显英雄本色。

元和五年（810年）秋冬之际，朝廷政局混乱不堪。自王锷任相不成，旧士族蠢蠢欲动，裴垍便被召回担任丞相，以翰林学院首领身份尽心辅佐唐宪宗。不料，忽然中风难理政务，李吉甫又被召回任相，宦官吐突承璀战败不降反提拔为左卫上将军。阉党得势，朝廷纲纪崩坏，白居易挥笔怒作《有木诗八首》，狠批奸臣，指明其害。序文中言："图身忘国，如张禹辈者。见惑上蛊下交，乱君亲，如江充辈者……其初皆有动人之才，足以惑众媚主，莫不合于始而败于终也！"

自九月起，白居易寄给了元稹长诗千字律，后又完成了《秦中吟》组诗。

阴雨过后，不一定是彩虹。彩虹来临，不一定日后都是晴朗。皑皑白雪继续下着，来时悄无声息，令人猝不及防。

元和六年（811年）四月三日，白居易的母亲陈氏卒于长安宣平里，享年五十七岁。

一路走来，步步成伤。逝去，无关乎年龄、模样，运命所致，无从抵挡。此刻，白居易强忍着悲伤，与弟弟白行简一同将灵柩运回下邽安葬。

往事如烟，该忘却兀自思量。白居易的母亲陈氏，十五岁嫁给大自己二十六岁的白季庚。而后，生白幼文、白居易、白行简及白幼美四兄弟，"亲执诗书"，以期望子成龙。可天有不测风云，幼子早夭，丈夫在襄阳逝世，在接连打击之下，陈氏落下了心疾。白居易为她寻遍良医医治，可母亲的身体总是不见好转。近些年，陈氏常"以苇刀自刭"，幸得防护，未曾失足。可这次，陈氏落井而去，终是防不胜防。

人既已亡，便不该纠缠过往。外界只道陈母不慎落井而亡，白居易默认，不再多言。

滚滚红尘，留不住春光。四月，本应灿若人间星河，暗香浮动。而今，窗外人影稀疏，烛火摇曳，冷衾难挨，眉间的伤久久难平。

白居易日渐憔悴，忧伤成疾。妻子杨氏默默陪在他的身边，细心侍候，任劳任怨。不久，白居易终恢复了些神气。偏偏在此时，女儿金銮子忽逢急病，不过十日便夭折了。在重重打击之下，更添忧恨，白居易再也承受不住了，当即一病不起。他在《自觉》中写道：

> 四十未为老，忧伤早衰恶。前岁二毛生，今年一齿落。
> 形骸日损耗，心事同萧索。夜寝与朝餐，其间味亦薄。
> 同岁崔舍人，容光方灼灼。始知年与貌，衰盛随忧乐。
> 畏老老转迫，忧病病弥缚。不畏复不忧，是除老病药。
> 朝哭心所爱，暮哭心所亲。亲爱零落尽，安用身独存。
> 几许平生欢，无限骨肉恩。结为肠间痛，聚作鼻头辛。
> 悲来四支缓，泣尽双眸昏。所以年四十，心如七十人。
> ……
> 誓以智慧水，永洗烦恼尘。不将恩爱子，更种悲忧根。

自丁忧起，白居易拖着病体不断辗转于坟茔之间，葬慈母，埋爱女，将祖父白锽与祖母薛氏的灵柩迁至下邽入土，将父亲的旧棺归葬于此，又将外祖母和四弟的灵柩也迁回此处。

宇宙浩瀚，天地苍茫。凌波森森，烟雾缭绕。偌大的世界，人渺小得可怜，死后皆空，徒留生者漂泊无依，任一江春水肆意流荡。

这一年，远在符离的长兄白幼文，重病在床。

这一年，李吉甫在朝中猖狂，裴垍溘然长逝。

这一年，白居易的世界下了厚厚的雪，有太多无法缝合的伤。

退身安草野

一世太短，缘起缘灭。世间情缘，自有定数，若遇之，在既定的期限内好生珍惜，转身离开后才不至于遗憾怅恨。

见过天地，见过众生，来时孑然一身，去时不染纤尘。

窗门紧闭，在别人的故事里流着自己的泪。沉思间，夕阳残照，万物归于沉寂。白居易静静地伫立，形容枯槁，忘却了是与非、名与利，方寸间犹如死灰。岁暮日斜，四十岁功未成，亲友一一离去，束手无策，只能黯然神伤。

在下邽的紫兰村安顿下来后，白居易的身体日渐恢复。有三两间屋舍，种几亩良田，望着亲手移栽的松树，不禁感慨万千：

> 小松未盈尺，心爱手自移。苍然涧底色，云湿烟霏霏。
> 栽植我年晚，长成君性迟。如何过四十，种此数寸枝。

得见成阴否，人生七十稀。爱君抱晚节，怜君含直文。

欲得朝朝见，阶前故种君。知君死则已，不死会凌云。

——《栽松二首》

白居易胸怀傲骨，心存壮志，不过岁月如梭，宦海浮沉，全然不由人。既来之，则安之。

方宅几亩，晨起晚归。疏云淡淡，和风习习，青山绿水环绕，田间炊烟袅袅。

闲时，临风赏月，沽酒自酌，登高赋诗，听暮鼓晨钟而礼佛参禅，青林翠竹间弹琴长啸，江河湖海上泛舟钓鱼。

若累了，倦了。静看岁月，多些淡然，肆意慵懒。

日子总归是过给自己看的，心随境转，变了的就是变了，顺其自然。某一刻，他也想像《咏慵》中所言，活得轻松慵懒些。

有官慵不选，有田慵不农。屋穿慵不葺，衣裂慵不缝。

有酒慵不酌，无异尊常空。有琴慵不弹，亦与无弦同。

家人告饭尽，欲炊慵不舂。亲朋寄书至，欲读慵开封。

尝闻嵇叔夜，一生在慵中。弹琴复锻铁，比我未为慵。

篱落添黄，山容渐瘦，汀洲之上绿意渐淡。撷一片木叶，半竿落日，斜照在万顷烟江。岁月静静流淌，渐渐忘了烦忧，忘了心底的伤。只是当一声雁过，沙鸟翻飞，不由得又想念远方的友人。

朋友，随处可交。知己，一个也难求。不然，俞伯牙为何在钟子期死后摔琴不复弹奏！生在世上，没有人是一座孤岛，可要变成一座趣味盎然的岛也实属不易。

京城初试，白居易结交了元稹，秉性相投，一见如故，遂成好友。长安自是繁华，居大不易，好在有元稹相陪，风雨同舟，卒成知交。

你走，我不送你，但我会以诗相赠。你来，无论风雨多大，我会在风雨中等你归来。

文人相惜，情深而意难达，字字句句，放在心间，写在诗上。欢喜你的欢喜，悲伤你的悲伤。欢喜处不嫉妒，甘做绿叶；悲伤处雪中送炭，甘做解语花。

元和六年（811 年）秋，冷雨骤然而至，白居易收到了元稹给自己寄的钱物。窗外秋雨凄凄，声声击打着梧桐，伤感的心又增了一丝哀愁。不过，从元稹的信中看来，他在江陵交了三两好友，一切安好，这让白居易甚是欣慰。所思之人，隔在远方，一盏残灯，一腔惆怅，思量间有感而作了首《夜雨》。

> 我有所念人，隔在远远乡。
> 我有所感事，结在深深肠。
> 乡远去不得，无日不瞻望。
> 肠深解不得，无夕不思量。
> 况此残灯夜，独宿在空堂。

秋天殊未晓，风雨正苍苍。

不学头陀法，前心安可忘。

既为知己，便自当肝胆相照。元稹任监察御史时，忠君为民，呕心沥血，却遭构陷。身为好友，白居易不顾个人安危，忿然上书。无果，后在唱和诗《代书诗一百韵寄微之》中表露心迹寄予了元稹，安慰他道："水暗波翻覆，山藏路险巇。未为明主识，已被倖臣疑。木秀遭风折，兰芳遇霰萎。千钧势易压，一柱力难支。"

风雨几程，年过十载，白居易与元稹此情天地为证，悄悄惊艳了流光。山水迢迢，无法对面言欢，只能以诗为寄。期间，他们相互来往书信的诗体被称为"元和体"，一时广为流传并被人们争相效仿。

元和八年（813年）五月，白居易丁忧期满，生活一度窘困，朝廷却丝毫没有补官的讯息。据历史记载，元稹、钱徽、李建、崔群等人都资助过白居易，银子、药物、车马、书籍，应有尽有，而且不止一次。

无论如何，日子还得过，只是不能似之前那般慵懒。决意躬耕田亩后，白居易卖马换牛，徒步去田庐，策杖而立，虚心求教，作诗《归园三首》（节选）。

种田意已决，决意复何如。卖马买犊使，徒步归田庐。

迎春治耒耜，候雨辟蓄畬。策杖田头立，躬亲课仆夫。

吾闻老农言，为稼慎在初。所莳不卤莽，其报必有馀。
上求奉王税，下望备家储。安得放慵惰，拱手而曳裾。
学农未为鄙，亲友勿笑余。更待明年后，自拟执犁锄。

在劳作躬耕之际，白居易进一步了解了天下百姓，对农民阶层的认识更为深刻。看到庄稼，他自愧农家苦于耕作，衣食单薄，自己从不曾亲自劳作；遭逢大旱，他急生民之所急，叹禾黍受尽枯焦，农民最为辛苦；当妻子为他缝制了新衣，他作《新制布裘》大呼：

桂布白似雪，吴绵软于云。布重绵且厚，为裘有馀温。
朝拥坐至暮，夜覆眠达晨。谁知严冬月，支体暖如春。
中夕忽有念，抚裘起逡巡。丈夫贵兼济，岂独善一身。
安得万里裘，盖裹周四垠。稳暖皆如我，天下无寒人。

与杜甫不同，白居易身上对百姓的仁爱无明显的阶层差别。父亲离世时为民，后参加科考入仕为官，如今丁忧下邽由官变为民，即便在朝为官，他也能切身体悟百姓的不易。可以说，白居易总能将自己置于"中人"（中等水平门户）地位，不偏不倚。他自己在《西行》中明确地说："我虽非富人，亦不苦寂寞。"谢思炜先生曾言，杜甫的幸运在于"他从贵族阶级跌落下来，而且再也没有上升回去"，白居易的幸运在于"他来自平民阶层，而为官时也没有忘记这种身份"。

元和九年（814年）春，白居易继续务农耕作，不料患了眼疾。少时，白居易因用功苦读而口舌成疮，眸子里似有飞蝇垂珠。而今，故疾来犯，一时没了心情。就在此时，好友钱徽来信问候，还带来了钱财。

自入仕起，白居易与钱徽常有往来，把酒吟诗，志趣相投。当年两个人一同赏长安牡丹花，后来，二人还曾同游青龙寺，那时小雨初过，景气清和，新叶葳蕤，夏云嵯峨，一时有感，白居易还写了首《青龙寺早夏》。

尘埃经小雨，地高倚长坡。
日西寺门外，景气含清和。
闲有老僧立，静无凡客过。
残莺意思尽，新叶阴凉多。
春去来几日，夏云忽嵯峨。
朝朝感时节，年龄暗蹉跎。
胡为恋朝市，不去归烟萝。
青山寸步地，自问心如何。

往事如烟，迷离间又被眼前事勾起。感激之余，白居易作了《得钱舍人书问眼疾》一诗。

春来眼暗少心情，点尽黄连尚未平。
唯得君书胜得药，开缄未读眼先明。

困厄常有，温情常在。有了朋友的安慰，白居易顿觉些晴朗。山重水复，柳暗花明，残夜的尽头终是光明。

是年，三弟白行简受到剑南节度使卢坦的聘请，前往梓州为幕僚。新添之子，唤为龟儿，便交由白居易代为管养。

望着弟弟远去的背影，白居易不禁有些落寞。丁忧期已满，田园生活也该画上句点了。

退野躬耕，乃不得已之举，终非心底所愿。高居庙堂，虽常陷囹圄，但济世之怀不能忘。于是，白居易休书一封，递予任中书舍人的钱徽，以及任礼部侍郎的崔群，以期实现凌云志。

转山转水，难转出自我。

是高山，便难以变成丘陵；是汪洋，便难以变成小溪；是傲梅，又如何变成淡菊？

第四章 暗风吹雨入寒窗

人生如逆旅，处处布满荆棘。

浮沉难料，归途遥遥无期。

世事如烟，埋葬过去，翘首未来，

在悲喜处携一束光自度。

世缘未了，又赴红尘

光阴流转，寄身草野已久。归去的心骚动着，时而看月，望天，盼远方的大雁。

乡下的日子，骚动中又日渐淡然。闲居如陶渊明，饮酒赋诗，读书耕田。岁月静静流淌，谱一曲自然之歌，在寂静中暗自等待。

东晋时期，几番历经进退，陶渊明最终辞官归隐，躬耕田园。好读书，天性嗜好饮酒，常著文章自娱以示己志。有方宅十余亩，草屋八九间，屋后柳树成荫，堂前桃李成春。远方的村落，徐徐升起丝丝炊烟，鸡鸣狗吠之声不绝如缕。一人独自在虚室闲居，有的是清净，有的是空闲。

某一刻，自然的风入了白居易的耳，潜入了他的心。

在朝堂时，纲纪混乱不堪，为人臣直言不讳，受排挤，遭贬谪。如今，远离庙堂，不觉开始思索人生命题。在白居易看来，人的寿命危脆，如浮烟般易逝。尧舜、周孔那样的圣贤，俱一去不还，世事变迁，不过在瞬息之间。

如陶渊明一般，白居易也爱喝酒。为饮酒，卖马典衣。醉了，便酣睡不醒。他曾作《晚春酤酒》来抒发自己内心的感慨。

> 百花落如雪，两鬓垂作丝。春去有来日，我老无少时。
> 人生待富贵，为乐常苦迟。不如贫贱日，随分开愁眉。
> 卖我所乘马，典我旧朝衣。尽将酤酒饮，酩酊步行归。
> 名姓日隐晦，形骸日变衰。醉卧黄公肆，人知我是谁。

元和九年（814年）八月，张殷衡来访，白居易与之一同前往悟真寺游玩。据史料记载，悟真寺颇受古代文人欢迎，张籍、孟郊、贾岛、韦应物等人都曾到过此处，并有题诗为证。不过恰在这年八月，孟郊去世，享年六十四岁。寺庙山景优美，清净自然，居住多日，白居易感念颇多，作诗《游悟真寺》。

> 我本山中人，误为时网牵。牵率使读书，推挽令效官。
> 既登文字科，又忝谏诤员。拙直不合时，无益同素餐。
> 以此自惭愧，戚戚常寡欢。无成心力尽，未老形骸残。
> 今来脱簪组，始觉离忧患。及为山水游，弥得纵疏顽。
> 野麋断羁绊，行走无拘挛。池鱼放入海，一往何时还。
> 身著居士衣，手把南华篇。终来此山住，永谢区中缘。
> 我今四十余，从此终身闲。若以七十期，犹得三十年。

在诗中，白居易自述本为山中人，误被时网牵绊，靠读书入仕，奈何本性拙直而不合时宜，常深感惭惕，忧心戚戚，郁郁寡欢。功业未成，心力交瘁，未老而先衰。如今，放归田园，如池鱼回归大海，行走无拘束，闲来游山玩水。若以七十岁为期，人生可再得三十年。

其实，人生就是一场场别离，刚送别三弟，现在又要送别友人。临行前，白居易特作《游悟真寺回，山下别张殷衡》相赠。

世缘未了治不得，孤负青山心共知。

愁君又入都门去，即是红尘满眼时。

白云深处，烟雾缭绕，青霭耸入云霄。斜阳缓缓倾泻，孤霞照着远去的帆影，空留一人独自驻足。伴着清波，迎着微风，张殷衡泊船正赶赴江东任职。日暮渐沉，人渐渐地远了，消失了颜色，消失了芬芳。

闲居村野，淡泊度日，倒也潇洒自在。然而，白居易始终牵挂着朝廷，记挂着济世的宏愿。眼看三弟、张殷衡先后赴任，心底为官的愿望又变得热烈了起来。等待，是焦灼难耐的。对于白居易来说，此刻的等待更像一场博弈。他把返还长安的希望寄托在了钱徽、崔群的身上。

临了初冬，寒风吹尽旧院的横柯，清霜铺满大地，冷如絮褥。夜半时分，官吏叩门催缴粮食。家中人还未知晓，场上已张满了灯烛，粮食被抢占一空。白居易见状，想起自己曾任官时不曾缴税，一时愧怍难当。寒冬凛冽，日子本就艰难，官吏这般更是雪上加霜。是年，白居易上奉王税，写了这首《纳粟》。

> 有吏夜叩门，高声催纳粟。家人不待晓，场上张灯烛。
>
> 扬簸净如珠，一车三十斛。犹忧纳不中，鞭责及僮仆。
>
> 昔余谬从事，内愧才不足。连授四命官，坐尸十年禄。
>
> 常闻古人语，损益周必复。今日谅甘心，还他太仓谷。

人生如梦，几度秋凉。身在高处忧思民间疾苦，远离庙堂体尝真实的岁月，未来难测，心始终在高处盘旋。

乡下村野一片肃杀，朝廷内外也是波诡云谲。自裴垍卒后，李吉甫回朝，李绛遭贬，节度使吴少阳之子有不臣之心，企图谋反。朝廷派兵征讨，元稹随之出兵。元和九年（814年）冬，李吉甫因病逝世，守旧派势力衰退。十二月二十五日，曾在科考案中力挺牛僧孺等人的韦贯之被召回，任同平章事。兴衰更替，只在一念之间，瞬息之中。所幸，白居易与新势力颇有渊源，又有崔群、钱徽等在朝中相助，茫茫黑夜中终于看见了一丝曙光。

是年冬，白居易补官还朝，授太子左赞善大夫。太久的等待，终于迎来了一刻的欢欣，白居易不胜感激，在《酬卢秘书二十韵》中言谢："上感君犹念，傍惭友或推。"

赞善大夫，属掌管太子东宫的文职。根据唐代律令，在东宫为官不得过问朝政，白居易曾言："一种共君官职冷，不如犹得日高眠。"于他而言，为君分忧，为生民立命，兼济天下，才是心之所愿。如今，有官可做，却与无官无异。感怀于此，不禁自嘲作了首《白牡丹》。

> 白花冷澹无人爱，亦占芳名道牡丹。
> 应似东宫白赞善，被人还唤作朝官。

这一年，白居易四十三岁。临着风，傍着水，在曲江边寻了一处院落，在昭国坊便住下了。

皇城人潮熙攘，纷繁的夜晚，独卧难眠，落得一腔苍凉与哀伤。月明星稀，点点星光透过窗落在眉间，更深露重，寒气逼仄，抬头仰望星空，沉思良久。周遭俱寂，静默中那些远去的面庞一一浮现，只有沉默无言，泪湿了衣衫。

逝去的永不会再回来，空让留世的人红了眼眶。山河无限，天地宽广，只愿在外的朋友无恙安好。

元和十年（815 年），唐宪宗决意励精图治，先后召回元稹、柳宗元、刘禹锡等人。遥想当年，革新失败后众人各贬他处，时隔十载之久。而今齐聚一堂，柳暗花明，京城的日子又有了别样的色彩。

正月，元稹自唐州诏还长安。久别重逢，感伤漫上心头，白居易随即吟了首《见元九》。

容貌一日减一日，心情十分无九分。

每逢陌路犹嗟叹，何况今朝是见君。

有友的日子，当是好时节。雨后，天清云淡，院内绿叶成荫。当风吹开衣襟，与友豪饮，说不完的话，吟不尽的诗。风林阵阵，好景如斯，无疾病，不至肌寒，快意而安稳。

某日清晨，李建、李绅、元稹、白居易等人游城南。白居易最喜的便是元稹在侧。与君同行，赏墙上花，饮仇家酒。是非名利皆放一旁，酬和间，情又深了一分。

路过刘敦质家门，白居易吟诗《刘家花》。

刘家墙上花还发，李十门草又春。

处处伤心心始悟，多情不及少情人。

一字一句，多的是复春的感伤，多情的苦恼。

然而，自古多情恼人，知交零落，又是自然之常态。万物更始，沧海桑田间，情渐渐便搁浅了，知交也便少了。

元稹听罢，《和乐天刘家花》以宽慰友人。诗中言：

闲坊静曲同消日，泪草伤花不为春。

遍问旧交零落尽，十人才有两三人。

真正的知己，可以放下防备，直言心中的失落与感伤，不必因担忧对方冷漠而逢迎，也不必担心对方厌弃而闭口不言，满腹伤心。懂你的人，不论你心怀壮志，还是萎靡不振，都会欣然为你敞开怀抱，予你如初的春。踌躇满志时，彼此欢喜；满腹忧思时，彼此安慰。

不知不觉，又走到了仇家宅门，想起从前去他家饮酒的场面。一时情难自禁，白居易感慨万千，作诗《仇家酒》。

年年老去欢情少，处处春来感事深。

时到仇家非爱酒，醉时心胜醒时心。

元稹和道：

病嗟酒户年年减，老觉尘机渐渐深。

饮罢醒馀更惆怅，不如闲事不经心。

——《和乐天仇家酒》

酒，是消愁的好东西。可，梦总会醒，人终要回归现实。所以，闲事莫要经心，放开胸怀，看山，望水，予自己一处休憩之所。

众人缓缓而行，一路上尽是元白的唱和。交深而言不尽，这份深情比天地广阔，清风朗月，陌上鲜妍，俱看在眼里。

朋友易得，知己难寻。遇上了，就要珍惜。

闻君谪九江

狂风暴雨，总在不经意间来临，让人猝不及防。

朝堂之上，明争暗斗，一着不慎，便会堕入无尽的深渊。

文人墨客，最是爱好吟诗作赋。在唐宪宗有意召回"永贞党人"之前，刘柳常以诗为寄，聊以自慰，抒发感怀。刘禹锡在诗中云："玄都观里桃千树，尽是刘郎去后栽。"柳宗元也曾在新诗中言："十一年前南渡客，四千里外北归人。"有意倒罢了，偏偏有时仅是无心之举，却被奸佞诽谤成有心指责。

刘禹锡曾在朗州作《华佗论》，以武元衡为首的反对派借此诽谤，声称刘禹锡将唐宪宗比作曹操，将"永贞党人"王叔文比作华佗，并联合其他人长期为王叔文申冤。此举，恰好戳中了唐宪宗的痛处：未即位时，宪宗为太子，而"永贞革新"触动了自己的既得利益。另外，先帝中风不能处理朝政，一切代由以王叔文为首的权臣处理，心生不快。召回刘柳等人，于唐

花非花，雾非雾。夜半来，天明去。

来如春梦几多时？去似朝云无觅处。

——白居易《花非花》

白居易：@所有人 今日倒是风和日丽，适合吟诗作赋。

元稹：哈哈！仁兄被贬了还有如此好雅兴！

刘禹锡：同是天涯沦落人，都是常被贬的对象，莫要 diss 了。

白行简：我哥和元兄什么关系，不知道就别插足当搅屎棍了！

湘灵：@白行简 什么关系？

白幼文：@白行简 什么关系？亲哥我都不知道！

崔群：自然比你们还要好的关系……哈哈哈！

王质夫：话说一半，真不地道。

杨汝士：哼！莫要合伙陷我妹婿于不义，不然我和你们没完！

湘灵：所以啥关系？@杨氏 好姊妹，你快出来问问呀！

张籍：自然是不能被你们知道的关系，哈哈哈！

顾况：@所有人 都别吵了！吵得老头我都不能好好吃瓜了。哈哈！想知道的看 47 页和 255 页去，不就是交情好得如胶似漆吗？有啥好争风吃醋的！

白居易：@顾况 谢谢顾老解围！我和您也是老相识了，长安确实"居大不易"啊！

顾况：你老相识可不少，哈哈！

刘禹锡：@白兄 话都说到这儿了，那我的地位如何啊？

湘灵：肯定在我之后，毕竟我和他相识早，他还夸我"娉婷十五胜天仙"呢！不信看 33 页去！

杨汝士：@白居易 白兄，这个你是不是该解释解释？

白幼文：要这样说，我在居易心中的地位应该不低，毕竟我们可是亲兄弟，他给我还写过不少诗。

杨汝士：呵呵，话是这么说，据我所知，白兄不仅给湘灵妹子写过诗，还给质夫兄写过诗，不信你去看 194 页。

张籍：争风吃醋很好玩吗？没个正经的……

杨汝士：@张籍 哈哈！给张兄你也写过。

顾况：@白居易 解释解释吧，老头我想清静清静啊！

白居易：顾老，您引起的战火，现在倒想睡觉了。

王质夫：就是！

白行简：+1

崔群：行简兄，你还 +1，呵呵！

刘禹锡：哈哈！这事难道和崔兄你没关系吗？呵呵……

元稹：你们真是太闲了！老朋友随便唠唠嗑，你们添什么油加什么醋啊！

@元稹 事情还不都是因你而起！ 杨汝士

妹妹我自愧不如…… 湘灵

刘禹锡 同上！

元稹 哈哈！

同上！ 白行简

优秀！ 王质夫

王质夫 同上！

顾况 @白居易 你真娶了位好妻子！哈哈哈！

同上！ 崔群

…………

白幼文 同上！

同上！ 湘灵

张籍 同上！

同上！ 顾况

杨氏 @所有人 都别吵了！身为一位合格的妻子，我早已把夫君和你们所有人的关系弄得一清二楚了，哈哈哈！想知道的快去看这本《白居易传：长恨春归无觅处》。

吓出我一身冷汗，夫人可真会玩儿啊！ 白居易

张籍 哈哈！嫂子威武！

妹妹厉害啊！ 杨汝士

白幼文 不愧是正室！

白居易的朋友圈

宪宗而言已是天大的恩赐，王叔文毕竟不同，怎容得他人指手画脚！

诸此种种，无处可诉，诉了也是百口莫辩。元和十年（815年）三月十四日，正是万象更新的好时节，却落得潦倒收场。

阳春三月，枝丫冒出了绿，纷扬的柳絮随风而起，一缕缕，一团团，四散消失在了天际。

那一天，刘柳等人进宫未见圣颜。只看武元衡得意地立于殿堂之上，幸灾乐祸地宣读圣旨上的内容。旨意显而易见，他们又被再次流放贬黜了。刘禹锡，原为朗州司马，转任播州刺史。柳宗元，原为永州司马，转任柳州刺史。韩泰、韩晔等人被贬至漳州、汀洲。

君心难测，宦海浮沉，不禁让人感伤。好友一一离去，就连元稹，也没逃脱厄运。三月二十五日，转除通州司马。离别在所难免，三月二十九日，白居易设酒在蒲城村为元稹饯行，次日清晨，在沣水桥边话别。

相聚不久，而今又要别离。白居易望着渐渐模糊的远影，泪眼婆娑，回城之际，作《醉后却寄元九》。

蒲池村里匆匆别，沣水桥边兀兀回。

行到城门残酒醒，万重离恨一时来。

二人同去，一人归来。身世浮沉，常是雨打飘零，似蓬草辗转孤寂。酒入愁肠，随着时光的推移，惆怅渐自横生。天地辽阔，被贬之地蛮荒偏远，此去经年，不知何时才能再见。

才下眉头，却上心头。剪不断的愁，恰似悠悠江水，绵延无边。再次提笔落墨，作《重寄》，任墨痕浸透思念，诉尽衷肠。

萧散弓惊雁，分飞剑化龙。

悠悠天地内，不死会相逢。

人生在世，得一知己，乃是天大的幸福。饮酒、作诗，你一言，我一语。说的都懂，未说出口的，也全然知晓。元稹在京的日子，于白居易而言，恰似干渴的鱼回归了大海，枯萎的花受到了春雨的滋润，一切自然而然，惬意酣畅。他们酬和的作品，元稹一一收集了起来，拟编为《元白还往诗集》。

过去的是回忆，过不去的尽是伤情。如今，花开遍了园林，泪眼望花花不语，长安城空留一人独自吟诵。

伤情处，更易勾起曾经的诸多痛楚。人为凡胎，心非木石，一经涟漪挑拨，心底便泛起层层的波，卷起千层的浪。

一日，白居易终于安稳入睡了。孰料，好友裴垍闯入了他的梦境。岁月是把无形的刀，五年的光阴隔绝了生死，一夕魂梦才将思念得以寄托。睡梦中，白居易与裴垍一同进金銮宫，宫殿富丽堂皇，似冰玉模样。相见二人，惺惺相惜，彼此眷念。

以为是现实，恍然发现不过一场梦境。是梦，总会醒。清醒后，白居易作《梦裴相公》，特记述下此事。遥想当年，正如昨夜梦中的情景。可惜，万缘终成一场空，不禁流涕沾湿了胸膛。

> 五年生死隔，一夕魂梦通。梦中如往日，同直金銮宫。
> 仿佛金紫色，分明冰玉容。勤勤相眷意，亦与平生同。
> 既寤知是梦，悯然情未终。追想当时事，何殊昨夜中。
> 自我学心法，万缘成一空。今朝为君子，流涕一沾胸。

人生如戏，不会因个人的遭际而停滞不前。是年六月初三，朝廷内风起云涌，一场血光之灾就此到来。

唐代中期，藩镇割据愈演愈烈，对朝廷造成了极大威胁，唐德宗为保中央，频繁动兵讨伐。唐宪宗时期，宰相武元衡、御史中丞裴度继续讨伐淮西节度使吴元济，激怒了李师道、王承宗等藩镇首领，他们反而合力救助吴元济。

据史记载，武元衡仪表堂堂，为武则天曾侄孙。进士及第后，一路平步青云。在永贞革新时，改革派意图让武元衡加入，身为旧士族的武元衡选择了拒绝，后一度遭到罢免。刘柳再次被贬，不乏报复，有意而为之。

一朝天子一朝臣，自唐宪宗登基后，武元衡重新得到重用，官至当朝宰相。一向主战的他，继续将矛头对准了吴元济。

正当清剿势头迅猛之际，李师道派兵袭击，烧毁官军的钱帛与粮食。王承宗则写信威胁武元衡，要求他尽快罢兵。唐宪宗位于朝廷之上，不少人力谏退兵，武元衡等人依然坚持主战，誓死捍卫中央集权。两相权衡之下，唐宪宗派李光颜带兵前往征讨，终收服吴元济。

吴元济锒铛入狱，朝廷大获全胜。武元衡上谏决不能轻易姑息，而各路藩镇纷纷上书陈情，以期从宽处理。王承宗多次上奏，不料均遭到武元衡的斥责。藩镇与主战派的仇恨日渐加深，一场惊心动魄的铲除计划也拉开了帷幕。

初三当日，武元衡出府上朝。天色昏暗，看不分明，几名刺客一袭而上，快箭直刺心脏，手起刀落间便砍掉了武元衡的首级。同日，裴度也遭遇袭击，头部受了重伤。

一日之内，朝廷重臣一死一伤，大臣们闻讯，议论纷纷。这场凶案看似无迹可寻，但其实大家心中有数，只是人人自危，未敢声张上奏。白居易与永贞革新派众人要好，和武元衡并无交集，何况刘柳被贬与之脱不了干系，即便如此，力谏唐宪宗要严惩罪犯，以儆效尤。

此时的白居易，不过是受到唐宪宗的厚爱，被特召回做东宫的文官，哪里轮得到他参与朝政？

偏爱并非何时都奏效，也要看时局。藩镇势力雄厚，朝廷内暗潮涌动，唐宪宗无计，终将白居易贬为江州刺史。

一朝落魄，四方落井下石。敌对派见白居易此刻孤立无援，以他的诗歌为名，恶意造谣。《旧唐书·白居易传》中记载："其母因看花堕井而死，而白居易作《赏花》及《新井》诗，甚伤名教，不宜置彼周行。"

自古以来，不孝是大罪。其实，白居易并非如此，这一切是有心人的圈套。白居易好吟诗，每逢花开必有诗作。《新井》这首诗，作于周至任县尉之时，与白母落井的时间毫不相关。欲加之罪，何患无辞？白居易无法辩驳，只能在后来的《与杨虞卿书》一文中，以陈实情：

> 盗杀右丞相于通衢中，迸血髓……虽畎亩皂隶之臣，不当静默，况在班列，而能胜其痛愤耶？……仆之书奏日午入，两日之内满城知之。其不与者，或诬以伪言，或构以非语……皆曰丞郎、给舍、谏官、御使尚未论请，而赞善大夫何反忧国之甚也？……赞善大夫诚贱冗耳，朝廷有非常事，即日独进封章，谓之忠，谓之愤，亦无愧矣，谓之妄，谓之狂，又敢逃乎？

朝堂之上，天地之间，多的是黑、灰地带。而白居易，恰与主流背道而驰，是便为是，非即是非，一身凛然正气，眼中容不得半粒沙子。

为君分忧，为生民立命，自当如此。

然而，这样的人难立朝野，每时每刻都要面临风霜雨雪。这次，白居易直得过了火，宪宗一纸诏书，将他一贬再贬，授江州司马。

《旧唐书·白居易传》中言："执政方恶其言事，奏贬为江表刺史。诏出，中书舍人王涯上疏论之，言居易所犯状迹，不宜治郡，追诏授江州司马。"

满心欢喜而来，痛彻心扉而去。

自元稹到任，抱病已久。如今，听得白居易被贬的消息，病中写下了《闻乐天授江州司马》。

残灯无焰影幢幢，此夕闻君谪九江。

垂死病中惊坐起，暗风吹雨入寒窗。

满腔济世火焰，朝夕被暗尘掐得粉碎。倏忽间，白居易恍然大悟。

从今以后，饥则食，渴则饮，昼则兴，夜则寝，无谓喜忧，病则卧，死则休。

前路漫漫，不必哀叹。

离开，有时也是一种解脱。

秦岭秋风我去时

古道旁，衰草连天。有人轻轻而来，有人悄悄离开。

宦海浮沉，红尘纷乱。无论面前是高山还是火海，遇上了，那就是一种缘。曾经信以为真的，因缘教会你何为残忍；曾经形影不离的，因缘教会你何为面对；曾经总觉得理想离得很近，因缘教会你何为现实的骨感。

面对，接受，然后坦然，以热爱回归起点，重新经历生活的风雨。周而复始，心裂成碎片，粼粼的伤口隐藏在每一个黑夜。当熹微的光来临，不动声色地谈笑风生，像没有经历过风雨一样。

如此，才敢说见过众生，见过天地。

不过，风太急，雨太骤，光阴太短，人性的弱点太多。修行，便一直在路上。

正值秋日，落木萧萧。白居易收拾好了行囊，驱车出了府邸。此次别离，不知何时归来。偌大的长安城，终是居大不易。沉思处，泪眼蒙眬。不远处，传来窸窣的响声，定睛看时，人影朝这边翩翩而来。

根据唐代律令，被贬之人须次日即刻启程。单骑先行，待到京城之外等候家眷。走得匆忙，城中友人也所剩无几，前来送行的只有同任过校书郎的李建。好友张籍、李绅、杨汝士、杨虞卿等，全无踪影，估计尚未得到消息。落寞间，凝望着相对而立的李建，忽感一丝暖意与欣慰。

回首之际，车马越来越远，所有的悲欢就此搁浅。曾经的荣光也好，曾经的暗淡也罢，都遗落在了风中，化成云烟，碾作了尘埃。

人走茶凉，谁还会记起？谁还会在心底默念？远行的人不住地回首，万籁俱寂，回应的只是一座无声的城。一个人，便是一座城。人走了，城也就空了。从此，天涯漂泊，各自安好。

心还是布满了灰尘，白居易转身后的心情全都写在了《别李十一后重寄》中。

> 秋日正萧条，驱车出蓬荜。回望青门道，目极心郁郁。
> 岂独恋乡土，非关慕簪绂。所怜别李君，平生同道术。
> 俱承金马诏，联秉谏臣笔。共上青云梯，中途一相失。
> 江湖我方往，朝廷君不出。蕙带与华簪，相逢是何日。

别后郁郁难堪，不知何时相逢。感伤处，正如眼前水绵绵不尽，肆意泛滥。驻足间，偶然听得一声呼唤，转身回望，但见一男子风尘仆仆而来。不是旁人，正是好友杨虞卿。

离别总是让人伤感，可也让人感慨与感动。匆匆会面，临风一诉衷肠，嘱托的话记在心间。安静地并肩站着，不说话也十分美好。

激浪打翻了静谧，交谈加速着离别，心间的那份留恋不过是奢望。人生的路，还得自己一人走。

在历史上，江州也称作浔阳。从长安前往，须越过秦岭，从商州到襄阳，改行汉江水路后，再从郢州、荆州到鄂州，最后沿长江东行方可抵达。山水迢迢，即便走高速公路，也须行上千公里。路途遥远，一介文弱书生只身舟车劳顿，跨越山海，实是人生的一次大磨难。

伫立在秦岭上，回望苍茫大地，起伏的山岭铁青着脸，秋风阵阵，吹乱了他的白须。一片赤诚，天地可鉴，奈何君王视而不见。此去祸福难料，可叹，可悲，叹息间吟道：

> 草草辞家忧后事，迟迟去国问前途。
> 望秦岭上回头立，无限秋风吹白须。
>
> ——《初贬官过望秦岭》

在秦岭的北麓，蓝田东南蓝溪上，有一处蓝桥驿站，这是通往南方重要的古官道。据史册记载，商州与江州间的驿站多达一百三十三处。所到之处，壁上可见文人墨客留下的诗篇。

循着千人的轨迹，步步前行，仿佛在与他们隔着时空对话。

蓝桥驿站，古来有名。据《传奇·裴航》中记载，蓝桥是神仙窟，是裴航遇见仙女云英之处。作为出京的第一处驿站，加之神话传说赋予的浪漫色彩，题诗成了贬官之人记录与抒愤的绝佳途径。

元和五年（810年），元稹被贬江陵。元和十年（815年）春，自唐州返回长安，经蓝桥驿站时作《西归绝句十二首》。其中两首诗中都提到了蓝桥。

> 云覆蓝桥雪满溪，须臾便与碧峰齐。
> 风回面市连天合，冻压花枝著水低。

> 寒花带雪满山腰，著柳冰珠满碧条。
> 天色渐明回一望，玉尘随马度蓝桥。

春风吹过山峦，只见寒花带雪，枝上悬珠，凉意犹存，不免战栗。

当年，元稹是怀着愤懑离开的。一去便是五年。返回长安不久，元稹又被贬往通州。

如今，见到元稹的诗篇，白居易感慨万分，心底又暗自射进了一道光。只要循着元稹题诗的足迹，自己便不是孤身一人，就仿佛知己还在身边。惊喜之余，当即题了首《蓝桥驿见元九诗》。

蓝桥春雪君归日，秦岭秋风我去时。

　　每到驿亭先下马，循墙绕柱觅君诗。

　　秋风摇落，摇落满山的白雪、寒花，也摇落了两个人坎坷不堪的命运。路，终得一人独行。无形的陪伴，让旅途充满了期待与浪漫。

　　渐行，渐远。九月，白居易来到了商州。商州，也称鹤城。此刻，白居易需在这里停上三日，等家眷前来一同前行。他在《发商州》中这样写道：

　　商州馆里停三日，待得妻孥相逐行。

　　若比李三犹自胜，儿啼妇哭不闻声。

　　自爱女夭折后，白居易在被贬前夕刚得了二女阿罗。秋风截江而起，寒江掀起层层白浪，叹息"本是多愁人，复此风波夕"，无限伤感。在百无聊赖之际，白居易拿出元稹的诗卷。诗尽灯残，天还未明，他默然地坐着。船外边，风声阵阵，波涛滚滚。

　　离开商州，直抵襄阳，以便改水路而行。时过境迁，再来此处，回忆盈满了心头。那时，正当年少，父亲任襄州别驾，游鹿门，寻访孟浩然故居，还历经了父卒的心酸。而今再来，已过了二十多年，白发丛生，故知零落，满目荒凉，唯有秋江水汩汩向前，如似旧时。

往昔的记忆，渐渐凋零。曾经的伤痛，随着时光的流转慢慢抚平。回不去当时，也无法改变前尘，只能作《再到襄阳访问旧居》，哀叹岁月的无情。

> 昔到襄阳日，髯髯初有髭。今过襄阳日，髭鬓半成丝。
> 旧游都是梦，乍到忽如归。东郭蓬蒿宅，荒凉今属谁。
> 故知多零落，闾井亦迁移。独有秋江水，烟波似旧时。

一路跋涉，白居易还在被贬之路上。这条路，太过艰难。元稹不堪通州的苦楚，曾给白居易来信，满腹心酸。他在信中形容通州"虫蛇白昼拦官道，蚊蟆黄昏扑郡楼"，环境之恶劣，实在令人担忧。此外，"夏旱秋霖瘴疟多""人稀地僻医巫少"，让生活更是难上加难。

贬谪之路，多的是斜风骤雨，悲欢离合。历史上，韩愈朝奏夕贬，怀着一腔悲愤，走过这条路。他深知潮州艰险，在给侄孙的诗中直言"知汝远来应有意，好收吾骨瘴江边"，以备后患。还未到任上，他的爱女先患病受累而死在途中，当时仅十二岁。更甚者，当属柳宗元。被贬永州之时，时常遭逢火灾，以残寺栖身，身患重病，母亲亡故。而后被贬柳州，死在那里，年龄仅四十七岁。最惨的是刘禹锡，宦海浮沉，一度被贬朗州、连州、夔州、和州，长达二十三年之久。

尚永亮先生曾分析唐代被贬官员的艰难岁月，文中说："贬谪，实实在在是一种饱受逐臣血泪的苦难。……贬谪之前，这些文人们优游宫廷，作诗唱和，或者直言强谏，大呼猛进，他们的生命内蕴得到了充分展现。但是接踵而来的贬谪，又把他们抛上了万死投荒的路途，使得他们的生命形态顷刻间发生了巨大逆转，生命的价值也由发展高峰跌落到了无底深谷。"

无论沉浮，人总归要寻找那个本真的自我。在繁华处尽情绽放，在低潮中绝地反击。如今只能把一切交付途经的山川，让清风明月为证，一一应验。

自改水路后，白居易不日便抵达了鄂州。鄂州，便是今日湖北武昌，位于汉江和长江的交汇处，有闻名于世的黄鹤楼。

此刻，天色澄明，泊至鹦鹉洲。只见，浩浩的烟波来了又去，去了又来。忽然，听到邻船有歌者，发调愁绝，歌罢涕泣涟涟，呜咽声不绝如缕。寻着声音的方向，白居易见到了那位女子。她肤白如雪，独自一人立在船上，容貌姿态姣好，年有十七八。那掉落的泪，如夜间发光的珠子，与明月交相辉映。移步上前，问是谁家的女子，又问歌声为何如此凄切，她只是低眉不语，泪落沾满了衣襟。动情处，白居易提笔作《夜闻歌者》。

夜泊鹦鹉洲，秋江月澄澈。邻船有歌者，发调堪愁绝。
歌罢继以泣，泣声通复咽。寻声见其人，有妇颜如雪。
独倚帆樯立，娉婷十七八。夜泪似真珠，双双堕明月。
借问谁家妇，歌泣何凄切？一问一沾襟，低眉终不说。

望着她，白居易想起了远在符离的湘灵。每每离别，她会不会也是这般伤心？离别十多载，她也该嫁人了吧！

前尘的故事曲折，来不及做出最后的承诺。等待中，相思零落。

来到鄂州不久，白居易便受到了卢侍卿与催评事的热情款待。宴饮设在黄鹤楼之上，但见烟水淼茫，满眼红叶笼着鹦鹉洲。白浪翻滚，管弦之声清脆，半醉半醒之际，愁绪滋生。为了纪念此行，白居易还作了首《卢侍御与崔评事为予于黄鹤楼置宴，宴罢同望》。

> 江边黄鹤古时楼，劳致华筵待我游。
> 楚思淼茫云水冷，商声清脆管弦秋。
> 白花浪溅头陀寺，红叶林笼鹦鹉洲。
> 总是平生未行处，醉来堪赏醒堪愁。

遥想当年，名叫崔颢的诗人曾登楼赋诗一首，题正为《黄鹤楼》。

> 昔人已乘黄鹤去，此地空余黄鹤楼。
> 黄鹤一去不复返，白云千载空悠悠。
> 晴川历历汉阳树，芳草萋萋鹦鹉洲。
> 日暮乡关何处是？烟波江上使人愁。

晴川历历，芳草萋萋，仙人宴罢驾鹤而去，白云悠悠，空余黄鹤楼。而今，自己也已远离了故乡。日暮时分，烟波江上，无限哀愁。

据说，当年李白登上黄鹤楼，见到此诗后，慨叹"眼前有景道不同，崔颢题诗在上头"，不复题诗。

一样的地方，不一样的过客。不一样的人，一样忧愁。

江流激荡，时醉时醒。不管去向哪里，心底终有难平之事以及所思之人。不用细细思量，自是难忘。

尘网牵缠卒未休

一路上，所到之处，所看之景，所遇之事，一一记下，便成了过往。

人生的征程中，所有的相遇都像是冥冥注定。没有早一秒，也没有晚一分，只是在既定的时间里遇上了，然后结了或深或浅的缘，最终顺其自然。

自从踏上前往江州的旅程，每一步走得惊心又谨慎，忧愁又欣喜。身在外，白居易渐渐也练就了一身粗犷与豪放，学会自我安慰，也学会了慰藉他人。淡视痛苦，看透生死，直面人生的离合悲欢、沧桑巨变，才能真正实现蜕变。

柳宗元被贬永州之时，作《永州八记》。移步换景间，心潮起伏不定，表面风和日丽，暗自乌云密布。对于自己的遭遇，他以山水为寄，含蓄道出内心的悄怆。《江雪》一诗中，"千山鸟飞绝""独钓寒江雪"，用词孤绝，意境开阔，大胆袒露了内心的凄迷。

与柳宗元不同，刘禹锡居陋室，大言"何陋之有"。适逢秋日，直言"秋日胜春朝"。

历经风雨，见山不是山，见水不是水，这才称得上是成长。

行进途中，灯火昏黄，周遭只闻得风声、水声，星河浩瀚，辗转难眠。于是，起身而坐，信手夜读元稹的诗卷。偶然，白居易翻到了元稹被贬江陵时所作的《放言五首》。

> 近来逢酒便高歌，醉舞诗狂渐欲魔。
> 五斗解酲犹恨少，十分飞盏未嫌多。
> 眼前仇敌都休问，身外功名一任他。
> 死是等闲生也得，拟将何事奈吾何。

在这首诗中，元稹饮酒高歌，不顾功名，醉饮成魔。失了心气，却也狂妄，直讽不问是非。

> 莫将心事厌长沙，云到何方不是家。
> 酒熟舖糟学渔父。饭来开口似神鸦。
> 竹枝待凤千茎直，柳树迎风一向斜。
> 总被天公沾雨露，等头成长尽生涯。

这一首，开篇自是潇洒与荒诞，而后写"柳树迎风一向斜"，抱怨是非曲直难断，言辞间尽是埋怨。

更深露重，心绪凄迷。字里行间，好似浮华如烟，功名如土。而当权者，尽是是非不辨。

凄凉处，元稹诗中偶然显出往昔的狂放不羁。年少及第，狂走赢得浮名。只是，历经两次贬谪，未来的兴荣不知在何处啊？

霆轰电烻数声频，不奈狂夫不藉身。
纵使被雷烧作烬，宁殊埋骨扬为尘。
得成蝴蝶寻花树，倘化江鱼掉锦鳞。
必若乖龙在诸处，何须惊动自来人。

三十年来世上行，也曾狂走趁浮名。
两回左降须知命，数度登朝何处荣。
乞我杯中松叶满，遮渠肘上柳枝生。
他时定葬烧缸地，卖与人家得酒盛。

某一瞬，元稹也会心怀期待。他愿心有所安，摆脱世俗的痛楚，自在怡然。

安得心源处处安，何劳终日望林峦。
玉英惟向火中冷，莲叶元来水上干。
甯戚饭牛图底事，陆通歌凤也无端。
孙登不语启期乐，各自当情各自欢。

岁月太过薄情，条条刀痕，划落在忠直之人的心上。刀口锋利、手法娴熟，起落间不见血印轻叹，饮一杯浊酒。虽然世上难有真正的感同身受，但未经苦痛的人定不懂其中的缘由。

千山万水，经历过才懂。惺惺相惜，才不会只从表面指责别人的颓唐。所谓知己，就是能从现象透过本质，读懂自己的另一个分身。

孤灯残照之下，白居易的影子显得瘦长。定神沉思，几经回味，提笔落墨间，作序兼《放言五首》。

序言中说："元九在江陵时，有《放言》长句诗五首，韵高而体律，意古而词新。予每咏之，甚觉有味，虽前辈深于诗者，未有此作。唯李颀有云，'济水至清河自浊，周公大圣接舆狂'，斯句近之矣。予出佐浔阳，未届所任，舟中多暇，江上独吟，因缀五篇以续其意耳。"

的确，走过他途经的古道，读过他壁上留下的烙印，听过他形容任上的艰辛，再读江陵所作诗篇，更有味道，也更能感同身受了。不过，作为知己，不仅要感受他的感受，还要尽最大努力劝慰。

水，能载舟，亦能覆舟。宦海，浮沉难定，实属常事。是非曲直，自有公道，目光放长远，不必介怀。而穷通前定，也不必营营苦求。花开花落，自然间一切都会有定论。只是，这期间要有十足的耐心，静等水落石出，柳暗花明。

朝真暮伪何人辨？古往今来底事无？

但爱臧生能诈圣，可知宁子解佯愚？

草萤有耀终非火，荷露虽团岂是珠？

不取燔柴兼照乘，可怜光彩亦何殊？

泰山不要欺毫末，颜子无心羡老彭。

松树千年终是朽，槿花一日自为荣。

何须恋世常忧死，亦莫嫌身漫厌生。

生去死来都是幻，幻人哀乐系何情？

——《放言五首》（节选）

来这世上一遭，少不了尘网羁绊。萤火虫身上有光，却非火光；荷叶上有露珠，却非真珠。有人擅长欺骗，可有人擅长假装被骗。真真假假，哪里分辨得清？交给时间，任岁月冲洗审判。

神龟长寿，犹有终期；松柏存活千年，尚会残枯。但是，槿花只开了一日，却倍感荣耀。荣枯有期，生死有命，不必贪恋繁华而常忧死，也不必嫌恶生命本身而厌弃生活。毕竟，来去终如一场幻梦。

所拥有的，多年后都将归于尘埃。失去的，化成风，落成雨，在你看不到的角落存在。

世上的际遇，说不清，道不明。一转身，便是咫尺天涯。可有时一回头，又恍如当初。

白居易万万没料到，会在被贬江州途中遇到湘灵，上前看，分明是她。

往事一幕幕拉开，悲喜一齐涌上心头。终于，他开口轻唤，而她定住脚步，蓦然回首。眼神交汇的瞬间，相视无言，唯有老泪纵横。

他看得出，湘灵苍老了，不似年轻时曼妙多姿。可她依旧温柔，含情脉脉，只是此刻多了些惊扰，还略显沧桑。恍然间，白居易如梦似幻，有点看不分明了。

白居易蹒跚着脚步，不可置信地移步上前。抬起的手，呆立在半空，又佯装自然地放下。隔得实在太久了，一时间不知从何说起，更不知以什么身份问起。寒暄间，白居易得知湘灵来此，是为了躲避祸乱。更令他震惊的是，湘灵一直未嫁。她，一直在等他。

错失的爱流离在风中，再也抓不住了。

四十四岁的白居易，妻女在侧，自己如今又身陷囹圄，已是自身难保，如何给湘灵承诺呢？何况，事已至此，让湘灵认清现实，拥抱幸福，或许才是最好的结果。

风凌乱地刮着，听不见彼此的叹息。可他们心底，早已下了大雪，结了万丈冰。

江水涌动，余晖照在上面，像跳动的金子。两个人的倒影，相互依偎着，耳边似说些什么。夕阳西下，任再多的不舍，也只能各自转身。

后来，白居易就此事写了两首《逢旧》，不知他是如何提笔的，只知笔墨简洁而直白。

久别偶相逢，俱疑是梦中。

即今欢乐事，放盏又成空。

我梳白发添新恨，君扫青蛾减旧容。

应被傍人怪惆怅，少年离别老相逢。

此后，红尘万丈，白居易的世界里再没了湘灵的消息。

喜欢一个人，是寂静的。

深爱一个人，是卑微的。

从喜欢到深爱，从寂静到卑微，可以不问前尘，不问归期，在一个人寂静的世界里兵荒马乱，最终在两个人喧哗的世界里惨淡收场。

安处即为乡

风餐露宿，一路风尘仆仆。

迢迢山水，疲累了身心，却也领略了不一样的风景。变换着的脚步，从北至南，由陆路改水路，见识了人生，也认识了自我。

闲暇时，执一卷诗书自娱，沐浴着微光，临着清风，偶然瞥一眼粼粼的水，眺望远方的山峦。兴酣之际，饮一壶酒，对着天地吟唱。清风里有自由，诗书里有情怀，天地辽阔，生活有了些许惊喜。

虽然没那么轻易忘却伤痛，但沿途的风景可以一点点疗愈裂开的口子。

如此，将心安置于广阔的宇宙，等待着风来。

从船上东望，眼前便是江州浔阳城，紧邻长江，又有诸多河流在此汇聚，水运发达。人口可达两万，与庐山相距不远，山水绮丽，物产富足。然而，繁华不似长安、洛阳，瓦舍陈旧，透着一股苍凉。

失望之际，见岸上人头攒动，知是江州刺史崔能率官府众人前来迎接，顿时倍感惊喜。崔能，乃诗人崔融的曾孙，好风雅。读罢《长恨歌》，自是对白居易仰慕有加，可叹无缘会面相识。如今，仰慕之人贬至本地，何况还是被贬的京官，一番舟车劳顿，理应接风洗尘。

这么多日，白居易早已习惯了与孤寂为伍。可是，再如何习惯，终难掩心底的悲凉。所以，见到这么多的人，暖意油然而生，一下子触碰到了软肋，有感而发作《初到江州》。

> 浔阳欲到思无穷，庾亮楼南湓口东。
>
> 树木凋疏山雨后，人家低湿水烟中。
>
> 菰蒋喂马行无力，芦荻编房卧有风。
>
> 遥见朱轮来出郭，相迎劳动使君公。

山雨之后，林木凋疏，烟雾迷离，一路的奔波此刻才算终结。没想过会被人惦念，人心难测，名利场多的是趋炎附势。被贬在外，心也似渐渐冷却了，欣喜过后即刻恢复了冷静。

不过，崔能对白居易真是一片赤诚。白居易身为司马，须协助刺史处理州中事务。出于敬仰，崔能却尽可能优待，置僻静的院落让白居易居住，给他空间、自由及更多的时间，以便吟诗作赋，游山玩水。

这一切，白居易看在眼里。可是，之前未曾谋面，也谈不上交情，初来乍到便受如此礼遇，内心深感惊惶。于是，写了首《初到江州寄翰林张李杜三学士》以诉心声。

> 早攀霄汉上天衢，晚落风波委世途。
> 雨露施恩无厚薄，蓬蒿随分有荣枯。
> 伤禽侧翅惊弓箭，老妇低颜事舅姑。
> 碧落三仙曾识面，年深记得姓名无？

一个陌生人，闯入一座陌生的城。一个陌生人，可值得让另一个陌生人惦念？

古人言"君子之交淡如水"，不为名利，只为理解、宽容，一片真心。

薛仁贵早年生计窘困，空有一身本领。同乡的好友王茂生，不忍见他一家受冻挨饿，常把粮食分给薛仁贵，自家却陷入了窘迫。后来，唐太宗李世民要亲征辽东，在王茂生的建议下薛仁贵参了军。几番征战，薛仁贵立下汗马功劳，特封为"半辽王"。

自消息传出，王府门庭若市，人潮熙攘。不过，面对文武大臣的豪礼，薛仁贵一概谢绝，只收下了好友王茂生送来的两坛"美酒"。打开一看，却是两坛清水。众人惊惶，薛仁贵豪饮三大碗，面向众人说，自己多年靠好友相助才有今日，他深知友人家中贫寒，送清水也是一番美意，这叫"君子之交淡如水"。

此时正值冬季，浔阳城的雪下得狂烈，白居易心底的雪渐渐融化。他看得出，崔能确实喜爱自己的诗作，欣赏自己的才华及品行，对自己绝无隐瞒与欺骗。热情相待，非关名利，完全出于钦佩使然。

作为文人，更应该知晓，神交并不影响情谊的深浅，恰恰应该得到尊重与敬佩。一直以来，崔能活在神交的自我世界里，一厢情愿，寂寥无声。如今，白居易本人来了，也该成全他人，成全一段佳话，谱写一段纯真的友谊。

后来，白居易常与崔能秉烛夜话，酣饮谈笑，谈自己写过的诗，说自己宦海的浮沉，闲聊京城的繁华，以及这一路的酸甜苦辣。

漫漫人生，有人懂，是一种幸福。

穷途末路上，能遇一人相伴，听你倾诉，予你真心与安稳，那绝对是上天的恩赐与厚爱。

被贬的白居易，确乎是幸运的。当然，他也值得这份幸运。

江州的雪簌簌而下，寒风凛冽，大地结了厚厚的冰，树枝被冰雪倾压折断。大雁在天空盘旋，哀号阵阵，在雪原不断徘徊，觅不得半点吃食。猎手眼疾手快，一张网将大雁生擒，于市集贩卖，桌上随处可见佳肴。

见状后，白居易霎时动了恻隐之心。世间苦难太多，人鸟有别，终同为宇宙自然的渺小微尘。后来，白居易买雁放生，还吟了首《放旅雁》，看似在救大雁，也是在救自我。

　　　　九江十年冬大雪，江水生冰树枝折。

　　　　百鸟无食东西飞，中有旅雁声最饥。

　　　　雪中啄草冰上宿，翅冷腾空飞动迟。

　　　　江童持网捕将去，手携入市生卖之。

　　　　我本北人今谴谪，人鸟虽殊同是客。

见此客鸟伤客人，赎汝放汝飞入云。

雁雁汝飞向何处，第一莫飞西北去。

淮西有贼讨未平，百万甲兵久屯聚。

官军贼军相守老，食尽兵穷将及汝。

健儿饥饿射汝吃，拔汝翅翎为箭羽。

落雪的心情，如同天空笼上了一层乌云。烟尘朦胧，遮住了清澈的眼睛。所以，望不见远方的人，无法同行看陌上花开，无法同在一片绿荫下把酒言欢。

所剩的，只有绵绵的相思。路途遥远，让风捎去长长的思念，道一声轻轻的问候。

元和十年（815年）岁暮，江风苦寒，长夜中总是难眠。悄然起身，安坐于灯前，执笔铺纸。往事翻涌，白居易的脑海里不断闪现前尘的片段，想起年少作诗的聪颖、符离苦读的心酸，以及一路的宦海浮沉。最重要的是，受元稹《叙诗寄乐天书》中诗歌思想的启发，白居易开始梳理诗歌的发展轨迹，思考自己的诗文主张，最终写下了《与元九书》。

悲欢离合，福祸沉浮，太难掌控。无论何时、何地，为天地立心，为生民立命，这份担当不能忘。"穷则独善其身，达则兼济天下"，这是他常挂在嘴边的话。一生爱好诗文，那文章便为时而著，歌诗便为事而作。

后来，在江州的时日里，白居易完成了自己生平第一部诗集。洋洋得意间，便在卷尾写下一首律诗，赠与元稹和李绅，题为《编集拙诗成一十五卷因题卷末戏赠元九李二十》。

一篇长恨有风情，十首秦吟近正声。

每被老元偷格律，苦教短李伏歌行。

世间富贵应无分，身后文章合有名。

莫怪气粗言语大，新排十五卷诗成。

外面依旧一片冰寒，人的心总归是滚烫的。越是严冬，越要开一朵温暖的花，等真正的春天到来。

元和十一年（816 年）春，白居易到江州已有时日，听闻这里风光秀丽，他便先去登庐山，游东林寺、西林寺，而后访陶潜旧宅。

东林寺在庐山北麓，为东晋名僧慧远所创建，是佛教净土宗的发祥地。地处僻静，清幽怡人，很适合修养心性。寺院顺着山势而建，各大殿一一排开，穿过殿宇，绕过玉佛楼，便听到泉声潺潺。驻足细听，一瞬间仿佛忘却了尘世的喧嚣。移步向前，只见松柏苍翠，生机盎然。置身其中，耳根清净，临着春风，慢慢欣赏。

出了东林寺，白居易前往西林寺。初春时节，晴空万里，骑马而入，迎面而来的是遍野翠绿，惬意而潇洒。后作《宿西林寺》，以记录此行。

木落天晴山翠开，爱山骑马入山来。

心知不及柴桑令，一宿西林便却回。

红尘浮华，庙宇肃穆而幽静。香烟袅袅，林木环绕，于禅院休憩，向院僧讨教佛理，日子简单，心也渐渐静了。

在白居易的心里，杜甫一直是前进路上的灯塔，忧国忧民，志在兼济。然而，风霜诸多，夜雪难料，决绝地离开，独善其身，保全一身洁白，也是无奈之后的一种倔强。陶渊明便是如此，他是白居易人生道路上的另一盏灯。

入世，要像杜甫一般鞠躬尽瘁；出世，要像陶渊明一样高风亮节。

经此一劫，白居易看透了浮沉，安然接受，深刻领悟到：安处即为乡。他精心勘察，意图在香炉峰附近建草堂，就此远离浮华，醉卧山林，以享终年。这一切，他都写在了《四十五》这首诗中。

行年四十五，两鬓半苍苍。清瘦诗成癖，粗豪酒放狂。
老来尤委命，安处即为乡。或拟庐山下，来春结草堂。

人生很短，岁月很长，磨难很多。

庆幸，磨难中还有一丝微光，交得几个真心的朋友。风雨来时，有人在身后默默支持，有人忧你所忧，读懂你所有的感受。

再不济，人生还有退路，只须把心好好安抚，宜静默，宜从容。待到冬去春来，不一样的是风景，一样的是不悲不喜的心情。

江州司马青衫湿

潇潇暮雨，敲得芭蕉憔悴不堪。

起身立在窗前，听雨穿透绿叶碎裂的声音，夹着些风，像匹狂躁的野马。冷风袭来，直钻向屋里，一时烛火摇曳，连人的影子也斑驳不定。

在这个风雨交加的夜晚，白居易默然捧着一卷诗书，陷入了沉思。几多欢喜，几多惆怅。

漫漫雨夜，他曾梦见当年送三弟赴东川的情景，愁肠百转，写下了这首《寄行简》。

> 郁郁眉多敛，默默口寡言。岂是愿如此，举目谁与欢。
> 去春尔西征，从事巴蜀间。今春我南谪，抱疾江海壖。
> 相去六千里，地绝天邈然。十书九不达，何以开忧颜。
> 渴人多梦饮，饥人多梦餐。春来梦何处，合眼到东川。

江州一带多雨，晒衣物便成了习惯。白日里，白居易在所晒的衣物中发现了一双旧鞋。然而，这不是普通的鞋子，手工精细，分明是湘灵在符离赠予的那双。后来，白居易接到被贬江州的诏书，须尽快启程离京，走的时候始终没忘带走。此刻，这双鞋陪白居易已飘荡了三千里。可叹的是，命运捉弄，人形单影只，鞋子犹成双。

逝去的成了过往，像落的叶，渐渐随风流散，最终腐朽碾作尘土。

灯火明灭间，往事一幕幕重现。往事如烟，都留在了风里。不经意回首，不禁湿了眼眶。白居易作了首《感情》，聊表衷肠。

> 中庭晒服玩，忽见故乡履。昔赠我者谁，东邻婵娟子。
> 因思赠时语，特用结终始。永愿如履綦，双行复双止。
> 自吾谪江郡，漂荡三千里。为感长情人，提携同到此。
> 今朝一惆怅，反覆看未已。人只履犹双，何曾得相似。
> 可嗟复可惜，锦表绣为里。况经梅雨来，色黯花草死。

那些风和日丽的日子，有人欢喜，有人哀伤。有人望断秋水，滴尽红泪。有人把思念寄予清风明月，写进诗里，最终在心间永久地封藏。

元和十一年（816年）春夏之际，白幼文自宿州启程，携一众家眷来到了江州。先前，白居易曾给兄长去信，讲述贬谪路上的凄苦，情绪低迷。如今，兄长就在眼前，二人相对而立，心底万般惊喜。

这二十年来，白幼文一直在浮梁任主簿，没有升迁，俸禄微薄。只见，他未到五十，形销骨立，满头白发，脊背弯曲。

岁月无情，苍老了容颜；生活不易，衰残了身躯。做点灯的人，常在黑暗中承受孤寂，但也因此而熠熠生辉了。望着兄长，白居易满是骄傲与心疼。

相聚后，白居易常与兄长游乐言欢，同行泛舟，吟诗作对。有了兄长的相伴，白居易心底安心不少。不过，家中突然人口剧增，一切都得从简度日了。

自杨氏随白居易来到江州，每日恪尽妻子的本分，贤良淑德，任劳任怨。她见证过白居易的意气风发，看见过他的消沉萎靡，亲眼见着青丝变成白发，她深知为官不易。

某日，在昏暗的夜灯下，小女儿在玩耍，杨氏在缝制衣服。所用的布料，色泽光鲜，质地精良。白居易回来后，杨氏欣喜地将衣服递上。不料，白居易对着镜子慨叹，说衣服虽好，但年岁已大，这样的衣服不合适穿了，让杨氏重做一件。

杨氏听罢，脸色凝重，嘴上只是轻声说衣服很好，府中人员众多，要节俭才行，没必要重做。白居易听完，声声叹息，吟咏道：

白发长兴叹，青娥亦伴愁。寒衣补灯下，小女戏床头。
暗淡屏帏故，凄凉枕席秋。贫中有等级，犹胜嫁黔娄。

生活总是充满艰辛，也充满了别离。与兄长相聚不久，又要分别了。临走前，两人相拥而泣，不知何时再见。送别的那天，都没想过转身即是天涯，然而命运由不得人主观臆断。

正值秋季，目之所及一片萧瑟。夜间，白居易送客至浔浦口，忽闻一阵琵琶声。移船靠近，在千呼万唤中，船上的女子半遮着面缓缓而出。琵琶声忽如急雨，嘈嘈不停，忽又如私语，隐藏着无限幽愁。

上前攀谈才知，她本是京城女，十三岁学成琵琶，名动京城。而后，家破人亡，门前冷落，嫁作商人妇。商人重利轻别离，又惨遭抛弃，只能随着江船漂泊。听罢，白居易伫立良久，早已泪眼婆娑。

天涯沦落，如水中萍，似翻飞的蓬草，落在哪里，哪里便是栖息地。命运，很多时候也要靠运气。既然相逢，那便是缘分，伤情处写下了流传千古的《琵琶行》。

白居易在序言中言："元和十年，予左迁九江郡司马。明年秋，送客浔浦口，闻舟中夜弹琵琶者，听其音，铮铮然有京都声……曲罢悯然，自叙少小时欢乐事，今漂沦憔悴，转徙于江湖间。予出官二年，恬然自安，感斯人言，是夕始觉有迁谪意。因为长句，歌以赠之，凡六百一十六言，命曰《琵琶行》。"

夜笼着寒沙，照在微凉的江面上。西风渐起，吹落满地的伤心。望着琵琶女，听着她的故事，白居易仿佛看到另一个自己。

恍惚间，他也会想起湘灵，不知她如今漂泊在何处。远水溅起涟漪，所有的记忆翻来覆去。悲悯，是一种美德。白居易以万民为先，忧百姓之忧，见农家输税尽而自愧，见大雁被俘而伤感，见歌妓身世不幸而落泪。可在某一瞬间，不知他会不会觉得偏偏对所爱之人太过残忍！

繁花落尽，碾作成泥，只能在风中叹息，在别人的故事里流下自己的眼泪。

闲居江州，有别离与伤感，也有寄情山水、快意人生的闲适。元和十二年（817年）春，白居易建造的草堂落成。草堂建在香炉峰遗爱寺附近，白石凿凿，清流潺潺，有数十株松树，千余竿青竹。时而猿鸟会聚，声音此起彼伏。云烟渺渺，屋头又有落泉倾泻，兴酣之际仰天高歌，如倦鸟回归自然，涸鱼返回清源。

草堂落成，白居易有感而发，在石崖上刻了首咏怀诗，题为《香炉峰下新置草堂，即事咏怀，题于石上》。

香炉峰北面，遗爱寺西偏。白石何凿凿，清流亦潺潺。
有松数十株，有竹千余竿。松张翠伞盖，竹倚青琅玕。
其下无人居，悠哉多少年。有时聚猿鸟，终日空风烟。
时有沉冥子，姓白字乐天。平生无所好，见此心依然。
如获终老地，忽乎不知还。架岩结茅宇，斫壑开茶园。
何以洗我耳，屋头飞落泉。何以净我眼，砌下生白莲。
左手携一壶，右手挈五弦。傲然意自足，箕踞于其间。

兴酣仰天歌，歌中聊寄言。言我本野夫，误为世网牵。
时来昔捧日，老去今归山。倦鸟得茂树，涸鱼返清源。
舍此欲焉往，人间多险艰。

　　人间四月，天清月朗，白居易同元集虚、张允中、梁必复、
张时、智满、寂然等十七人，从草堂经过东西二林，抵达化城
后，登上香炉峰，夜宿在大林寺。这一年，正值元和十二年
（817年）四月九日。

　　看尽了凡尘的芳菲，自以为无处可觅春光。没料到，山寺
之中的桃花开得晚，四月正是观赏美景的绝妙时机。欣喜之余，
白居易特作了首《大林寺桃花》。

　　　人间四月芳菲尽，山寺桃花始盛开。
　　　长恨春归无觅处，不知转入此中来。

　　人间四月，匆匆而逝。闲散的时光，如此惬意。有酒，有
诗，有清风明月相陪，有三两好友相伴。荣华富贵，瞬间化为
烟云，飘散在了天际。

　　然而，岁月终究凉薄，福祸总是相依。风和日丽过后，又
是一阵冷风凄雨。

　　闰五月，兄白幼文病逝。白居易听闻后，心痛不已。身为家
中长兄，白幼文自小背负了太多的责任。尤其当父亲过世后，所
有重担都须由他承担。一路风雨，白居易看在眼里，记在心间。

风雨难料，四弟早夭，三弟远走未归，长兄自江州一别，遂天人永隔。伤感之际，白居易作《祭浮梁大兄文》，言辞凄切。他在祭文中写道：

> 泉壤九重，刚奴早逝；巴蜀万里，行简未归；茕然一身，漂弃在此。自兄至此，形影相依。死灰之心，重有生意。岂料避弓之日，毛羽摧颓；垂白之年，手足断落。谁无兄弟？孰不死生？酌痛量悲，莫如今日。

人，不是光有生命就可以活下去。风雨太多，容易早折。所以，需要同行者相伴慰藉，更需要一盏指路的明灯，一把熊熊燃烧的火焰。

山路崎岖，一路有兄长负重前行，白居易才活得相对轻松。如今，天上人间，无缘再会，只能任悲伤成河。

第五章
应是世间缘未尽

雨后的天空，澄净如洗。过滤掉的尘埃，隐去的悲伤，像一场梦境。

偶然，又有骤雨来袭，惊动了那颗不安的心。

故事未完，人生的画卷在春花秋月里待续。

不如且安闲

推窗望去，院落里删去了繁复，落得一地清简。岁月剥落得彻底，好似只留下一缕风，以及抖不掉的清寒。

墙角处，每一株草都没了颜色，强撑着不让狂风侵袭。空中游荡的尘埃，藏在透明处，在沉淀的岁月中偷偷呼吸，最终附着在那些隐秘的角落。

生命脆弱，却也绚丽。乱红飞过了时间，化作春泥，让花得以滋养。残叶满地堆积，划一根火柴，给予人春天般的温暖。

自然地来，自然地去，安静地花开花落。那么多的闲暇，留给三月的风、六月的雨，留给秋天的霜、冬日的雪。一溪云，一树花，淡淡的酒香扑鼻，便是人间好天气。

元和十二年（817年）七月，朝廷派裴度征讨淮西，韩愈任行军司马。十月，吴元济兵败，淮西乱平定。终于，多年的郁结解开了，白居易欣喜异常。只是，朝局有变，剑南节度使卢坦逝去，取而代之的是李逢吉。此人阴险狡诈，白居易恐三弟遭不测，忧心忡忡，作《登西楼忆行简》一诗，言辞恳切，深情款款，以期兄弟团聚。

> 每因楼上西南望，始觉人间道路长。
> 碍日暮山青蔟蔟，漫天秋水白茫茫。
> 风波不见三年面，书信难传万里肠。
> 早晚东归来下峡，稳乘船舫过瞿唐。

漫天秋水，白茫茫的一片，已是三年未见。经历过失去，便不想身边的亲人再有闪失，神经不由得紧绷。不日，东川来信，三弟在春初从梓州出发，白居易又担心行经潇湘之水多瘴雾毒霾。伤感处，看着身边两周岁的女儿阿罗，思量自己这个老病之身，不觉流下了两行清泪。

草木四季轮回，人并不比自然高贵，会苍老，会残朽。所以，良辰美景，休要虚度，该酩酊时醉酒当歌，临风赋诗，一享欢喜。

寒冬悄然而至，黑夜暗沉，信手触碰泛黄的诗篇，外面的世界是喧嚣的，白居易的世界是寂静的。红尘纷繁，他的心底有一片净土，安放着几许清闲。

清风明月，春红柳绿，静看妻儿无忧，舒心而自在。朝朝暮暮，岁岁年年，何必营营苦求呢！真不如且安闲。

元和十三年（818年）春，三弟白行简抵达江州，执手相看间，竟然无语凝噎。后来的日子里，两个人常对酒当歌，偶然聊起大哥，不禁泪湿衣衫。

闲聊之中，白居易的抱怨少了，多了从容与安闲。他对三弟说，自己现在心无所系，心无所苦，不再叹息乡国远，也不嫌官禄微，只求兄弟二人老不相离。言语间，有股说不出的苍凉。他的欲望很小，世界里仿佛只容得下血亲。他说得轻巧、诚挚，都写在了《对酒示行简》一诗中。

今旦一尊酒，欢畅何怡怡。此乐从中来，他人安得知。
兄弟唯二人，远别恒苦悲。今春自巴峡，万里平安归。
复有双幼妹，笄年未结褵。昨日嫁娶毕，良人皆可依。
忧念两消释，如刀断羁縻。身轻心无系，忽欲凌空飞。
人生苟有累，食肉常如饥。我心既无苦，饮水亦可肥。
行简劝尔酒，停杯听我辞。不叹乡国远，不嫌官禄微。
但愿我与尔，终老不相离。

天气尚好时，白居易也邀三弟登庐山，看山上的桂树，赏大林寺的桃花，去草堂吟风弄月。纵情山水，自然颇有一番意趣，风雅有余。多年后，一代大文豪苏轼同友人登上庐山，以看到的庐山形貌为依托，发出了"不识庐山真面目，只缘身在此山中"的感慨。登庐山，要跳出山，才能窥其全貌。很多时候，要跳出事物本身，以旁观者观之，才能窥察真谛。

不过，对白居易而言，最欣慰的莫过于看到一家人团聚，享受天伦之乐。那种其乐融融的画面，他在不经意间便写进了诗里，题为《弄龟罗》。

有侄始六岁，字之为阿龟。有女生三年，其名曰罗儿。
一始学笑语，一能诵歌诗。朝戏抱我足，夜眠枕我衣。
汝生何其晚，我年行已衰。物情小可念，人意老多慈。
酒美竟须坏，月圆终有亏。亦如恩爱缘，乃是忧恼资。
举世同此累，吾安能去之。

湘江的水潺潺地流着，流过春夏，流过秋冬。院前的柳，历经荣枯，成了苍老的模样。这就是岁月，冷暖自知。凡事，只有经历过，才懂其中味。

人如飞蓬，落到哪儿便是哪儿。不过，无情的世间总容得下一芥微草。阳光、大地、春雨，还有清风、明月，它们就在那儿，静静地相随，陪伴着每一个渺小的生命。抛掉受害者的思想，知足安然地接受，微笑着面对，明天总会风和日丽。

晚间，一朗明月悬挂在夜空，心无所累，很惬意，很满足。夜静悄悄的，世界沉睡在了梦里。在梦中，白居易频频梦到元稹，扰得他心神难宁。晨起，临着风，有些许惆怅，他想起通川与溢水久不相闻，立即提笔作诗一首，将写成的《梦微之》派人送往通州。

晨起临风一惆怅，通川溢水断相闻。

不知忆我因何事，昨夜三更梦见君。

或是失去太多，才会如此谨慎小心，以致有些小题大做。但正因为如此，才看到了真情的可贵。毕竟，最难得的是，输出的情感，始终有反馈。

元稹看到信，得知老友如此思念他。可惜，自己因病神魂颠倒，在梦中不曾梦过君。感慨处，有些许自责。不过，知交贵在真诚。元稹与白居易也是熟识，彼此惺惺相惜，便毫不避讳地写下了肺腑之言，作《酬乐天频梦微之》以寄之。

山水万重书断绝，念君怜我梦相闻。
我今因病魂颠倒，唯梦闲人不梦君。

茫茫人海，能遇见与自己秉性相投的人是幸运，能遇见彼此心有灵犀、肝胆相照的知己更是恩赐。知己间，不需要阿谀奉承，刻意逢迎。静时，默然坐下不冷场。动时，所聊皆投机，无所顾忌。这样，便很好。更有甚者，可同享荣光，亦可共享祸患。

元和十三年（818年）三月，李夷简被召为御史大夫，后进门下侍郎、同平章事。

据《新唐书·列传》记载，李夷简"字易之，郑惠王元懿四世孙。以宗室子始补郑丞。擢进士第，中拔萃科，调蓝田尉。迁监察御史"。后"制蔡右胁"，"逐颛，占檄谕祸福，蛮落复平"，这才得以拜相。

听得此消息，白居易甚是喜悦。元稹和李夷简是好友，如今李夷简飞黄腾达，想必元稹离开通州也不远了。激动之余，笔落处，一挥而就作成《闻李尚书拜相因以长句寄贺微之》。

> 怜君不久在通川，知已新提造化权。
>
> 夔契定求才济世，张雷应辨气冲天。
>
> 那知沦落天涯日，正是陶钧海内年。
>
> 肯向泥中抛折剑，不收重铸作龙泉。

来信读罢，元稹感受到了白居易的一片赤诚。可他也深知，朝堂瞬息万变，一着不慎，便会堕入无底深渊。当年，自己被贬东川，后又经华阴驿受辱，未得伸张而被贬通川。白居易与众友为自己申冤，未曾扭转时局。再三的直谏，龙颜一次次被触怒，白居易之所以被贬江州不是帝王一时之念，怕是积怨久矣。所以，面对白居易的祝贺，元稹的心底很平静，他理性地看待好友的升迁，也坦然接受现状，不求抽离泥沼，只求片刻的安稳。

未几，元稹研磨写下了《酬乐天闻李尚书拜相以诗见贺》。

> 初因弹劾死东川，又为亲情弄化权。
>
> 百口共经三峡水，一时重上两漫天。
>
> 尚书入用虽旬月，司马衔冤已十年。

若待更遭秋瘴后，便愁平地有重泉。

元稹，少小家道中落，聪颖而努力，十五岁便明经及第。他，本性孤而直，这也是白居易一直视他为知己原因吧！

看了元稹的来信，白居易明白了，可他的心起了涟漪。

忘却红尘，忘记朝堂的纷扰，谈何容易！毕竟，江州承载了太多的悲欢。

白居易在《闲关》中写道："岁暮竟何得，不如且安闲。""且安闲"，是不得已而为之的自我宽慰与坦然接受。"不如"二字，分明透着无奈与凄凉。

几番风雨，心终被岁月磨平了棱角。在每个夜凉如水的晚间，会不自觉地卸下伪装。

湘江的水，可诉衷肠，可销万古愁。江州的庐山，可隐藏心底的惆怅。伤心难画，真言难讲，谁又愿意真的一直清闲！

当佯装变成了一种自然，不知不觉间已修炼成了淡然的模样。只是，春风乍起，又吹皱了一池的水。

心随外事宽

聚如星光，漫天的璀璨。散如云烟，风一吹便消失在天际，无影无踪。聚散，是世间平常之事，用一颗素心对待，静处或欢喜，或惆怅。

世间冷暖，无非是人心与人心的一场场交换。暖风过处，吹动着遥远的白帆，山岗开遍灼灼桃红，如同遇见了久违的春天。也会遇到凄雨冷风，一丝丝，一缕缕，一层层地剥落原本不多的暖，最终只剩下狼狈不堪。

心，不是开关，可以自由地开与关。太多的苦楚有口难言，多少的心酸随着岁月慢慢沉淀，日子久了失了知觉，渐渐快要忘了当初为何开始。寒暑易节，每一天都活得尽兴，春日里携友同游赏花，庙宇悟道，泛舟时望不尽滚滚而来的江水，所有的悲欢顷刻间消散。

风雨总归会过去，心底的暖风总会拂面而来。只要心灵深处不曾忘却，那些渴望的东西在不经意间就会来临。

元和十三年（818 年）十二月二十日，白居易终于等来了"量移"诏书。《旧唐书·白居易传》中记载，"十三年冬，量移忠州刺史"。顾炎武曾在《日知录》中道："唐朝人得罪，贬窜远方，遇赦改近地，谓之量移。"白居易本是被贬官员，现减轻处罚，从江州司马升迁为忠州刺史，自然极为欣喜。

先前，和三弟白行简把酒言欢时，白居易直言心无所累，释然了一切。可有些只言片语，还是暴露了他的无奈、心有不甘，期盼有朝一日平步青云。他曾在《浩歌行》写道：

> 天长地久无终毕，昨夜今朝又明日。
> 鬓发苍浪牙齿疏，不觉身年四十七。
> 前去五十有几年，把镜照面心茫然。
> 既无长绳系白日，又无大药驻朱颜。
> 朱颜日渐不如故，青史功名在何处。
> 欲留年少待富贵，富贵不来年少去。
> 去复去兮如长河，东流赴海无回波。
> 贤愚贵贱同归尽，北邙冢墓高嵯峨。
> 古来如此非独我，未死有酒且高歌。
> 颜回短命伯夷饿，我今所得亦已多。
> 功名富贵须待命，命若不来知奈何。

来去如长河，朱颜渐改，不觉已鬓发苍苍，可功名还不知在何处。在白居易的内心深处，始终未曾忘却京城，始终深埋着一颗再起的济世之心。

时局风云变幻，身为深海中渺小的一粒沙，常被裹挟着前行，身不由己。当时，李夷简和崔群同为朝中宰相，后值李师道叛乱，李夷简知不如裴度，请求外调，任淮南节度使。

此次升迁，机会来之不易，白居易深知，这是好友崔群不懈努力的结果。思量之际，心绪久久难平，含泪写下了《除忠州，寄谢崔相公》以酬谢。

> 提拔出泥知力竭，吹嘘生翅见情深。
>
> 剑锋缺折难冲斗，桐尾烧焦岂望琴？
>
> 感旧两行年老泪，酬恩一寸岁寒心。
>
> 忠州好恶何须问，鸟得辞笼不择林。

江州的日子，几多欢欣，几多自在潇洒，交了些许好友，在离开之际自是不舍。江水浩渺，茫茫无边。江州刺史崔能特在庾楼设宴，邀众好友为白居易钱行。

身在外，流离漂泊，幸得崔能一直以来的厚爱与照拂，白居易不安的心才渐渐安定，有更多的时间在山水中安放自我。他举杯畅饮，兴尽时吟《山中酬江州崔使君见寄》。

> 春睍情无恨，优容礼有馀。
>
> 三年为郡吏，一半许山居。

酒熟心相待，诗来手自书。

庾楼春好醉，明月且回车。

　　离别在即，不舍之情日渐滋生。让白居易不舍的，还有庐山草堂，那是安放他灵魂的栖息之所。很多时候，躲避风雨的屋舍易得，但收容灵魂的雅居难求。庐山草堂，有三间茅舍向山而开，山泉环绕迂回。闲时听山泉的脆响，赏烂漫的桃红，临风赋诗，把酒交谈，从斜阳缓缓倾泻，直到月上柳梢。

　　身在外，心安即是乡。庐山草堂，于浊世中给予白居易一方净土，得以惬意潇洒。他在《别草堂》中说，在听山鸟鸣啼，向阳而眠之际，诏书忽然落在枕前，君恩在上，此后便不打算住了。但是，待到三年期满，他还会回到这里。

　　离开，终是伤感的字眼。但，离开不代表遗忘。只要血液还在流淌，心还在跳动，所珍惜的就在那里，终会再次相逢。

　　江水辽阔，波光粼粼，风扬起高高的帆，驶向期待的地方。月底，白居易一行人行至下口，只听锣鼓震天，原来是鄂岳观察使李程带众人前来迎接。元和初年，李程与白居易同为翰林学士，来往多年，关系匪浅。所以，早在临近夏口时，白居易便去信告知了李程。

　　白居易心底知晓，流落多年，已是命数。如今，侥幸"量移"却未飞黄腾达。但李程，仍以一颗真心相待，以旧眼相看，把自己当作银台。

　　走时，未曾远送；来时，纵是风雨，也会亲自相迎。这份情谊，白居易深记于心，写进了《重赠李大夫》诗里。

> 早接清班登玉陛，同承别诏直金銮。
>
> 凤巢阁上容身稳，鹤锁笼中展翅难。
>
> 流落多年应是命，量移远郡未成官。
>
> 惭君独不欺憔悴，犹作银台旧眼看。

在夏口休憩两日后，江船继续远行。元和十四年（819年）三月，白居易抵达了夷陵。日落黄昏，脉脉余晖晕染着整个江面，日暮即将降临。微风轻抚，软绵绵的，略感微凉。停舟下船，一个熟悉的身影映入了眼帘。半信半疑地，一步一步地踱步，上前打量。只见，那人背对着江岸，一身儒雅，转身细认，面容有些苍老。确认无疑的是，这人就是元稹。

风轻轻吹着江面，溅起圈圈的涟漪。两个人多年未见，认出彼此后，紧紧相拥，许久未放。寒暄中，白居易得知，元稹如今奉命前往虢州（今河南灵宝），任虢州长史，相当于州府副长官，比司马官阶高。另外，元稹娶了裴氏，生活起居有人悉心照料，日子不至于冷清。望着数年未见的老友，风雨飘零后终迎来了曙光，不禁喜极而泣。

据《旧唐书·白居易传》中记载，"十四年三月，元稹会居易于峡口，停舟夷陵三日"。此外，白居易曾有诗序言："十四年三月十一日夜，遇微之于峡中，停舟夷陵，三宿而别。"

寒烟轻笼，月照寒江，身侧有知己相陪，心底倒生出了别样的暖。而后，元稹、白居易及白行简举杯共饮，游无名洞穴，促膝长谈，"各赋古调诗二十韵"，给洞穴命名为"三游洞"。多年后，苏洵、苏轼、苏辙来游此地，其中怪石嶙峋，泉水汩汩地流淌，洞口的石碑上依然刻着白居易作的《三游洞序》，这次游历被称为"后三游"。

推杯换盏，吟诗论道，三人不知不觉地沉醉其中。然而，分别是人生旅途中固定的谢幕，挥一挥手，口中喃喃"君还秦地辞炎徼，我向忠州入瘴烟。未死会应相见在，又知何地复何年"，再次踏上新的征途。

船行至秭归时，白居易的脑海中浮现出了昭君那绝世的容颜，下了船，他便和白行简前往昭君村。时过境迁，一切都化为云烟，没有了踪迹，只有村名留存。

昭君绝美，酿造了一场灾祸。村中的女子心有余悸，竟故意烧灼自己的脸，落得了满脸疤痕。听到这样的故事，白居易特意写了首《过昭君村》。或许，在他心里，也有像村中女子一样的梦，但求平凡，不求璀璨而易逝。

灵珠产无种，彩云出无根。亦如彼姝子，生此遐陋村。
至丽物难掩，遽选入君门。独美众所嫉，终弃出塞垣。
唯此希代色，岂无一顾恩。事排势须去，不得由至尊。
白黑既可变，丹青何足论。竟埋岱北骨，不返巴东魂。
惨澹晚云水，依稀旧乡园。妍姿化已久，但有村名存。

村中有遗老，指点为我言。不取往者戒，恐贻来者冤。

至今村女面，烧灼成瘢痕。

　　带着些许感伤，白居易离开了昭君村。船继续前行，上有
高山，下是急流，转眼就到了瞿塘峡。这一段行程，可谓惊心
动魄。巨石横卧，白浪滔天，船板上传来阵阵雷鸣般的响声，
稍有不慎便会撞在石块上。

　　所幸，有惊无险，船只安然行至了万州。岸上，早已有人
等候白居易，这人便是万州刺史杨归厚。杨归厚，精书法，善
医药，仕途却不顺，被贬万州。闻白居易将行此处，慕名来迎
接，以交贤才。

　　白居易与杨归厚同为天涯沦落人，相逢恨晚，一见如故。
临行前，作《答杨使君登楼见忆》以表谢意。

　　　　忠万楼中南北望，南州烟水北州云。

　　　　两州何事偏相忆，各是笼禽作使君。

　　没过几日，白居易便到了忠州。天色暗了下来，黄昏悄然
而至，前任忠州刺史李景俭在岸边相迎。李景俭，与元稹、李
绅交好，为人不拘小节，好钻研历史。在为白居易接风时，他
赠予白居易五马朱轮官车。一切交接完毕后，李景俭即将动身
离开，白居易以《初到忠州赠李六》相送。

好在天涯李使君，江头相见日黄昏。

吏人生梗都如鹿，市井疏芜只抵村。

一只兰船当驿路，百层石磴上州门。

更无平地堪行处，虚受朱轮五马恩。

抵达新的地方，一切都要重新开始。

心有过凛冬，有过春风，如今要摘取河汉中璀璨的星。

此刻，万籁俱寂，灯火长明，许下虔诚的心愿，待明朝实现。

贤治忠州，暇豫有声

几番波折，心底的愿望终于破土发芽了。这一年，白居易四十八岁。

忠州，靠近西南边陲，与长安相距两千余里，地处荒僻，是座小城。此处多高山，平地少，潮湿多雨，农业落后。放眼望去，映入眼帘的是不尽的山，以及贫瘠的土地。

多年前，"诗圣"杜甫，曾到忠州一游。那时，他的侄儿在此处执政。来到忠州，只见孤城早闭，时有猛虎出没，自己与侄儿话不投机。凄凉处，赋诗一首，名为《题忠州龙兴寺所居院壁》。

> 忠州三峡内，井邑聚云根。
>
> 小市常争米，孤城早闭门。
>
> 空看过客泪，莫觅主人恩。
>
> 淹泊仍愁虎，深居赖独园。

多年后，白居易也来到了这里。未经审视前，一切都那么不可置信。如今亲眼所见，以火烧草木来耕田，把草木灰烬作为肥料，满眼荒园，几乎没有菜蔬。平日里，百姓穿得破烂，常以腥咸的小白鱼下饭。

忠州地区，贫瘠而荒凉，百姓生活并不如意。来到此处，白居易那颗济世的心又开始跳动了。生而为人，当有一丝的执着；生而为官，当有一定的担当。如今，年近半百，岁月的流波不断向前，历经的山川湖泊已成为过往，刀枪风霜遗忘在了昨天。明天，是崭新的，一切重新来过。

心有所想，便记录下来。提笔落墨，写成《即事寄微之》。

> 畲田涩米不耕锄，旱地荒园少菜蔬。
> 想念土风今若此，料看生计合何如。
> 衣缝纰颣黄丝绢，饭下腥咸白小鱼。
> 饱暖饥寒何足道，此身长短是空虚。

此时，是坏的境遇，也是好的境遇。处境不堪，机会便来了，更容易一展宏图。大致了解了忠州的情况，晚间回到家中，白居易即刻起草了《忠州刺史谢上表》。这份表，言辞恳切，表达了受到恩荣的谢意，提到了自己的惶恐，以及诚挚的誓言。他发誓，定"当负刺慎身，履冰励节，下安凋瘵，上副忧勤，未死之间，期展微效"。

理想，很丰满。但是，现实充满了骨感。面对忠州如此的情景，白居易一时不知该从何处下手。焦灼处，想起曾任忠州刺史的好友杨归厚，便去信以求讨些建议。

每到夜幕降临，整个山野传来阵阵的哀嚎，声音凄厉，惹人难寐。白居易的心颤栗着，寸寸忧伤。不过，他已经做好了一心为民的准备，也有这样的能力。早些年，白居易作《策林》，以水旱之灾为切入点，提出统治者要减免税收，兴修水利，设仓以储备粮食。

针对忠州的情况，白居易先"整顿地方行政，宽刑均税，奖励生产"。对有错失的百姓时，不过分苛责，从宽处理。对于赋税，他提出地主阶层与百姓同等，都得交税，这样才能保证国家的财力，也能减轻百姓的压力，大大改善了当地民风。

通过考察，白居易发现当地适合种植，便一边整顿，一边带领众人植树造林，引泉灌溉。在城的东侧有一片地，白居易便携众人在东坡上栽满了花树，作《东坡种花二首》（其一）。

东坡春向暮，树木今何如。漠漠花落尽，翳翳叶生初。
每日领童仆，荷锄仍决渠。划土壅其本，引泉溉其枯。
小树低数尺，大树长丈馀。封植来几时，高下随扶疏。
养树既如此，养民亦何殊。将欲茂枝叶，必先救根株。
云何救根株，劝农均赋租。云何茂枝叶，省事宽刑书。
移此为郡政，庶几盷俗苏。

坡前有淙淙流水，下面有个小平台，坐立台上，临风举杯。花枝开满了枝头，微风拂过，花蕊落到了怀中。独酌独咏，不觉得月落西沉。

新官上任，一腔热血，养树即是养民。白居易诉诸笔端，字句间透露了自己的决心。为政郡，茂枝叶，宽刑书，均赋租，他都做到了。

忠州任期为三年，白居易料想若三年不离郡，柳树将依依而生，繁花将开遍原野。怀着这样的期许，他写下了《种桃杏》。

> 无论海角与天涯，大抵心安即是家。
>
> 路远谁能心乡曲，年深兼欲忘京华。
>
> 忠州且作三年计，种杏栽桃拟待花。

当春日到来，满山灼灼桃红，白居易邀请百姓们一起饮酒作乐。席间有鼓乐助兴，众人吃着胡麻饼、甜荔枝，白居易泼墨挥毫，吟诗高歌。据统计，白居易在忠州所创作的诗歌，可达一百三十首。

忠州地带，盛产荔枝。剥开一颗，那果肉如白玉，舌头浸润着琼浆，甘甜鲜美。在白居易办公府衙的堂前，恰好有棵荔枝树。采摘后，放进筐中，引起了一番沉思。这荔枝，别处难见，有如此尤物，当与好友一同分享。只可惜，山水迢迢，也没有千里马前往寄送。

念及此，白居易不禁想到唐玄宗宠爱杨贵妃，为博宠妃一笑，命人千里送荔枝。很多年以后，杜牧将此事写进了《过华清宫绝句三首》（其一）中。

长安回望绣成堆，山顶千门次第开。

一骑红尘妃子笑，无人知是荔枝来。

此刻，白居易只身在外享受着绝美的尤物。一壶酒，一轮明月，忙碌的生活中尚有一丝快意。偶尔，与弟行简、妻杨氏、女阿罗及侄龟儿众家眷一同采摘荔枝作乐，遂觉日子慢了下来，人生有了滋味。

远方的人，还在青山之外。夜落乌啼，江船渔火长眠，一颗寂寥的心涌动着，在黑夜中略显得耀眼。风起，吹落满园的芬芳，在香径踽踽独行，寻得片刻的自由。紧闭的窗未开，只听得风瑟瑟地发抖，忽而骤雨大作，顷刻满地潮湿。

谁都没想过宦海沉浮，竟到得如此地步！一贬再贬，人生似乎没了希望。而就在绝望时，熹微的光闪现，照亮了前方的山峦。白居易也爱自由，爱游山玩水的潇洒惬意，无拘无束地畅所欲言。然而，身为人臣，为国为君乃本分，更是这么多年坚守的初心。

满地凄凉，摇落一地的伤心。忠州的荔枝如此美味，可天下不知它的人不计其数。此等罕见之物，要能充当赋税，寄往帝乡，百姓的生活不知又是何等模样！

情到处，大笔一挥，白居易随即作了首《题郡中荔枝诗
十八韵，兼寄万州杨八使君》。

奇果标南土，芳林对北堂。素华春漠漠，丹实夏煌煌。
叶捧低垂户，枝擎重压墙。始因风弄色，渐与日争光。
夕讶条悬火，朝惊树点妆。深于红踯躅，大校白槟榔。
星缀连心朵，珠排耀眼房。紫罗裁衬壳，白玉裹填瓤。
早岁曾闻说，今朝始摘尝。嚼疑天上味，嗅异世间香。
润胜莲生水，鲜逾橘得霜。燕脂掌中颗，甘露舌头浆。
物少尤珍重，天高苦渺茫。已教生暑月，又使阻遐方。
粹液灵难驻，妍姿嫩易伤。近南光景热，向北道路长。
不得充王赋，无由寄帝乡。唯君堪掷赠，面白似潘郎。

不仅如此，白居易还请来一位画师，命其画荔枝图。而后，
他亲自作序，从荔枝的生长地、外形、叶、花、果、壳等方面
一一详述，力求让天下人识得此物。

心怀天下者，处处能激起济世之情。从京城到地方州郡，
从繁华到荒凉，处所不停地转换，可不变的是心中暗自生长的
凌云志。闲暇时，寄情山水，饮酒赋诗，于无作为处描摹心志，
窥探本心。肩负职责之际，研讨计策，以身作则，率领众人开
荒，与民共乐。

时代风云滚滚，多少英雄事都付笑谈中。北宋的黄庭坚，

曾作《四贤阁记》，其中的故事，恰与忠州执政者相关。他在文中提到，唐代的刘晏、陆贽、李吉甫、白居易都曾到此处为官，"四君子相望凛然，犹有生气，忠民每以此自负"。

三百多年后，王辟之来到了这里。下车后，慰问民生，探听州上之事。"咨问故老，咏四贤之逸事，而三君之政，寂寥无闻……乐天由江州司马除刺史，为稍迁故为郡最暇豫有声尔。"

而后，明时的知州马易从作《创修白公祠记》，对白居易赞誉有加。文中言，白居易"以大贤裁治理，犹慈母之保子，良医之察脉，此一方之沐浴膏泽可想而知也"。

历史的烟云消失在了岁月长河，但不变的贤德之声流传千古。

如今，在忠县有一条路为白公路，有一处祠为白公祠，万亩的橘海，文化研讨盛会，无不诉说着白居易的前尘过往，延续着他为文、为官、为人之路。

涕泪满襟君莫怪

山水一程，岁月无痕，雁过留声。

赏过的风景，错过的人，一一流失在风雪中，待回春记忆翻涌。

元和十四年（819年），白居易身在朝堂之外，可朝堂之事他全然知晓。这一年，发生了一件大事。这一年，他有太多的悲伤。

唐宪宗晚年尚佛，朝廷上下争相拜佛，劳民伤财。韩愈时任刑部侍郎，性情耿直，敢于直谏，一封朝奏《论佛骨表》触怒了龙颜，夕贬蛮荒之地潮州。路途遥远，不知归期，他带着愤恨而走，无尽哀伤。

这一年，刘禹锡的母亲逝世。柳宗元也死于柳州任上，年仅四十七岁。

生命的归途，指向的总是死亡，无关性别、年龄，想来不禁感慨命运的无常。

闲暇之际，白居易漫步于东坡之上，嘴里时不时吟《步
东坡》。

> 朝上东坡步，夕上东坡步。东坡何所爱？爱此新成树。
> 种植当岁初，滋荣及春暮。信意取次栽，无行亦无数。
> 绿阴斜景转，芳气微风度。新叶鸟下来，萎花蝶飞去。
> 闲携斑竹杖，徐曳黄麻屦。欲识往来频，青芜成白路。

朝上坡，夕也上坡，只为一赏新植的林木。只见，绿荫随
着斜阳转，芳气随着微风渐渐弥漫，新叶上常有飞鸟。花萎后，
蝴蝶顾自飞去。来的次数多了，眼看着满面青苔踩得平整，硬
生生踏出了一条小路。

忠州地区，四处都是山地。附近处，有一座山名为引藤山，
山上多产十几尺的藤枝。这种藤条，外粗中空，很适合饮酒时
取酒。届时，只须将其插入酒中，用嘴吸气，酒便沿着藤条顺
势而上，进入口中了。

说到酒，便想到了王质夫。他生性淡泊，世缘尚浅，不慕
名利。有幸相识，曾一同春日寻仙游洞，登楼观流水潺潺，在
石上安坐吟诗，酌饮清酒。分别后，各自归往他处，年颜渐衰，
生计萧索。如今，往昔同游仿佛梦一场，落墨作《寄王质夫》，
字字缱绻，眷念往昔。

忆始识君时，爱君世缘薄。我亦吏王畿，不为名利著。
春寻仙游洞，秋上云居阁。楼观水潺潺，龙潭花漠漠。
吟诗石上坐，引酒泉边酌。因话出处心，心期老岩壑。
忽从风雨别，遂被簪缨缚。君作出山云，我为入笼鹤。
笼深鹤残悴，山远云飘泊。去处虽不同，同负平生约。
今来各何在，老去随所托。我守巴南城，君佐征西幕。
年颜渐衰飒，生计仍萧索。方含去国愁，且美从军乐。
旧游疑是梦，往事思如昨。相忆春又深，故山花正落。

　　白居易的身上，有为天下鞠躬尽瘁的雄心，也有淡泊闲适的雅趣。王质夫，超尘脱俗，常与自然亲近，与志趣相投的友人相互往来。两个人相逢后，便成了好友。

　　交友，贵在真诚。当年，白居易任周至的县尉，王质夫踏入凡尘，前往府衙看望老友。此举，煞是感人。为表谢意，白居易专门在窗前种上竹子，愿友人常来，并把自己当作这里的主人。于是，他在《招王质夫》中写道：

　　　濯足云水客，折腰簪笏身。
　　　喧闲迹相背，十里别经旬。
　　　忽因乘逸兴，莫惜访嚣尘。
　　　窗前故栽竹，与君为主人。

　　此前种种，一时间涌上心头，难以消除。白居易满怀期盼地等着王质夫的消息，未料等来的却是王质夫的死讯。

生死，往往总在一瞬间。有客从梓潼来，告诉他此事并无虚假。然而，听到好友离世的刹那，白居易的心底依然一阵惊疑，欲哭而踟蹰。渐渐地，他接受了这个消息，声泪俱下，在门侧徘徊不定。

泪，不一会儿沾满了衣襟。悲伤处，情难自禁，作《哭王质夫》。

> 仙游寺前别，别来十年余。生别犹怏怏，死别复何如？
> 客从梓潼来，道君死不虚。惊疑心未信，欲哭复踟蹰。
> 踟蹰寝门侧，声发涕亦俱。衣上今日泪，箧中前月书。
> 怜君古人风，重有君子儒。篇咏陶谢辈，风流嵇阮徒。
> 出身既寒屯，生世仍须史。诚知天至高，安得不一呼。
> 江南有毒蟒，江北有妖狐。皆享千年寿，多于王质夫。
> 不知彼何德，不识此何辜。

白居易感慨友人如陶谢，似嵇阮，有古人之风，君子之儒。可惜，如此风流人物，生世须臾，未得善终。可叹，江南的毒蟒及江北的妖狐，皆享千年福寿。

逝去的人，便如同消散的光芒，日趋冰冷，直至完全没了温度。留下的人，常在人间徘徊，不知归处，满腔的愁肠与伤心。

离去，是人生的常态，但也充满了无常。一经死别，便懂得世间充满沧桑，没有那么多的承诺，以及来日方长。珍惜当下，方可后期无悔。

不知从何时起，白居易略显消极，常常以酒麻痹自己，以期销得万古愁。忠州的东楼，是他常去的地方，夜间饮酒，尽兴而归。

某次宴饮之上，一位八十岁的老翁甚是显眼。远远望去，他满头的白发，徘徊于酒楼中，久久不去。白居易上前问过才知，他姓康，先前家境殷实，后败尽了家财，如今落得乞讨的地步。冬日寒风凛冽，老翁的身上衣衫正单薄，风吹进衣袖，一阵战栗。见状，白居易终起了恻隐之心，将自己的袍子赠给了康叟。

天宝遗民，本不相识，却生了悲悯之心。事后，白居易专门写了《赠康叟》记述当日的经历。

八十秦翁老不归，南宾太守乞寒衣。
再三怜汝非他意，天宝遗民见渐稀。

偶尔，白居易也颇有兴致，率一众官吏出巡。街边有家胡饼铺子，掌柜的是当地人，做的胡饼却与京都无二。胡饼之中，放有芝麻，又有胡桃、香油等诸多调味，于炉中烧烤，阵阵飘香。新出炉的胡饼，面脆油香，白居易命人买来，同诗《寄胡饼与杨万州》一并寄出。

胡麻饼杨学京都，面脆油香新出炉。

寄与饥馋杨大使，尝看得似辅兴无。

　　时光如梭，转眼已是元和十五年（820 年）正月。忠州地区的花木焕发着勃勃生机，养民如同养花木，白居易一向谨慎小心。不过，如何让它们枝繁叶茂，他还在探索之中。孰料，朝堂中忽传来唐宪宗暴卒的消息。

　　据《旧唐书·宪宗本纪》记载，唐宪宗"崩于大明宫之中和殿，享年四十三。时以暴崩，皆言内官陈弘志弑逆，史氏讳而不书"。一代帝王，死于宦官之手，不免让人唏嘘。多年后，宪宗的孙子唐文宗"以有弑逆之罪"将内官陈弘志处死。

　　不过，也有人认为谋逆者是郭妃及其子李恒。自古君王多子，为争储君之位本是不可避免之事。太子李宁死后，朝廷对于立太子一事争执不休。李恒即位后，悉数杀尽当年反对自己当太子的一众人，其中便包括吐突承璀派及二哥李恽。

　　针对此事，王夫之曾言："则宪宗之贼，非郭氏、穆宗而谁哉？穆宗以嫡长嗣统，逆出于秘密，故大臣不敢言，史臣不敢述，而苟且涂饰。"

　　历史的真相，难辨真假，只能从只言片语中窥得一二。不过，国哀是真，悲伤也是真。当白居易从好友李绛处得知死讯时，一时涕泪满襟。自代宗起，历经德宗、顺宗，再到宪宗，他亲眼见证了朝廷的颓败，一次次经受不得志的打击。

　　朝夕之间，沧桑巨变。在给李绛回信时，他特在《奉酬李相公见示绝句》中注明"时初闻国哀"。

碧油幢下捧新诗，荣贱虽殊共一悲。

涕泪满襟君莫怪，甘泉侍从最多时。

冬去春来，年复一年。片片落梅在涧水上漂浮，新柳冒出黄梢，探出了城墙。偶有闲情，信手摘得芭蕉叶题诗，又取藤枝引酒品尝。春光易逝，容颜易衰，人慢慢老了，乐事渐渐也少了。春日本是勃发的时节，白居易的心间却充满了忧郁。这样的闲情与愁绪，在《春至》这首诗中可见端倪。

若为南国春还至，争向东楼日又长。

白片落梅浮涧水，黄梢新柳出城墙。

闲拈蕉叶题诗咏，闷取藤枝引酒尝。

乐事渐无身渐老，从今始拟负风光。

忠州任上，快意与寂寥交织。远离红尘是非，只是偶尔感伤。

目之所及，春叶葳蕤，枝繁叶茂，光与影交替，黎明处尽是晴朗。

夜深人静时，携一壶酒，铺开纸张，将悲伤藏进诗里，让思念随墨香飘向远方。过往已成定局，待看命运如何辗转。

聚散穷通不自知

银河璀璨，漫天星光。

大地广袤无垠，盛满春天的希望，结出累累果实，然后在一个洁净的冬季悄然掩埋。

聚散不定，穷通本就难料。能做的，不过是静看时光荏苒，任人潮来了又去，去了又来。得意时不忘恩，失意时不丢前行的勇气。

元和十五年（820年）正月，李恒即位，史称穆宗。是年五月，元稹被召回长安，任祠部郎中、知制诰。而后，又提拔为中书舍人、翰林承旨学士。

白居易听到这个消息，不禁心生欢喜。转念间，又略有些忧伤，因为不知自己何时能得到朝廷的重用。夜深人静时，回首这一路的征程，有几多心酸。唐宪宗在世时，自己虽历经波折，但心中大抵有数，从江州司马转任忠州刺史，只须忍耐等待时机，回京是迟早之事。如今，先帝崩卒，新帝继位，人生的棋盘终会如何，已摸不着头脑。

逝者已去，生者叹息哀嚎。远在京都之外，白居易无法近临哀悼。于是，在忠州亲设灵堂，率众人拜祭，为其守灵三日，伏地叩首，泣涕涟涟。春日尚晴，白居易的心底却乌云密布。

在未知的日子里，只能静心等待。看万山的桃花开遍原野，春风而至，漫步于东坡之上，举杯畅饮。这一年，白居易四十九岁了，满头斑驳的鬓发，如同日渐衰朽的心。山城虽荒芜，但竹树有嘉色；俸禄虽不多，衣食可无忧。一切痛苦的根源，皆由心而起，放宽心，才能不受累。

何况，运命难定，时局难料。不如，偏居忠州一隅，种花养树，闲看花开花落，信手摘芭蕉叶题诗。若逢雨天，闭上窗，手执一卷诗书，安然度日。晨起，山林鸣声阵阵，光照进来，与自然同呼吸。晚间，时而饮酒纵论，时而享受天伦之乐。渐渐地，心变得坦然了、沉稳了。

正当白居易准备在忠州安定度日时，京都的一纸诏令幻灭了他的期冀。元和十五年（820年）六月，朝廷授予他尚书司门员外郎一职，命即刻返回长安。至此推算，白居易在忠州任上不过一年多。

任期长短本不在掌控之内，但"依唐制，刺史等高级文官任期应为三年至四年，即《旧唐书》所言'三载考绩，著在格言'，或'今之在任，四考即迁'"。据史载，偏远地区的刺史任期实际更长，黔州刺史薛舒竟在任达十四年之久，兢兢业业，鞠躬尽瘁，后卒于任所。

时代变幻莫测，白居易终是幸运的。失去了唐宪宗的厚爱，却有朝内好友的提携。此时，穆宗继位后改年号为长庆，善用段文昌、裴度、李绅、李绛及元稹等人。好友升迁，白居易自当受益。另外，他为人正直，言行合一，不结党营私，未曾卷入党派纷争，同僚也不会阻止他返京为官。更为关键的是，唐穆宗对白居易评价甚高，认为他可比汉赋大家司马相如，贤才当为善待。

启程在即，内心满是不舍，回忆开始翻涌，一草一木，一禽一鱼，引起无尽的伤感。回望东坡，桃李正好，满眼风光，油然生出一丝欣慰之情，作诗《别种东坡花树两绝》。

> 三年留滞在江城，草树禽鱼尽有情。
> 何处殷勤重回首？东坡桃李种新成。

任期虽短，情谊尤长。转身之际，白居易没忘忠州的黎民百姓。他希望届时新上任的刺史能善待这里的子民，爱一花一木，为百姓尽心尽力。殷切的希望，来不及当面诉说，他提起笔，慎重地交代在了字里行间。

> 花林好住莫憔悴，春至但知依旧春。
> 楼上明年新太守，不妨还是爱花人。

林木葱茏，艳阳高照，所有的晴朗在启程回京这一刻才觉真实。

此去，山水迢迢，一经别过，不知何时是归程。所以，离别的时候总是忧心忡忡。

这次回京，白居易决定经三峡，从商州返回到京城。行进途中，从白狗峡出发，穿过黄牛峡，险滩如竹节般稠密。偶然，逢见千花塔，便停靠在岸，游赏一番。

船帆渐渐远去，山也遮住了回望的风景。然而，蓦然间还是会回头，挥别北面的庙宇，西面的酒楼，花瓣如雪的郡树，以及似油的酒水。风拂动着白帆，不禁自笑。那忠州，分明远了，望不到，想也是无用。怀恋之际，白居易便作了首《发白狗峡，次黄牛峡登高寺，却望忠州》。

第五章 应是世间缘未尽

> 白狗次黄牛，滩如竹节稠。路穿天地险，人续古今愁。
> 忽见千花塔，因停一叶舟。畏途常迫促，静境暂淹留。
> 巴曲春全尽，巫阳雨半收。北归虽引领，南望亦回头。
> 昔去悲殊俗，今来念旧游。别僧山北寺，抛竹水西楼。
> 郡树花如雪，军厨酒似油。时时大开口，自笑忆忠州。

一路舟车劳顿，白居易终于回到了繁华的京城。只是，没有了以往的欣喜。

回到京城后，白居易暂住在元宗简家中。而后，他在新昌里置宅院落住。时过境迁，心境确然发生了变化，更喜淡泊。

因爱辋川寺，记得院落东北窗的廊外有竹，便仿其布局，开窗不糊纸，竹子不依据行列栽种，与北面屋檐下的窗差不多一般高。

适值雨天，屋里听得淅淅沥沥的雨声。晴朗之际，月光莹莹，透过窗便照进了屋子。到了三伏天，天气异常闷热，独自来到竹窗下，解开衣裳，在竹下的小床安憩。无客来扰，有风吹过，身心透凉。

偶然提笔，将这段美好的经历一一写进了《竹窗》之中，惬意中略有些许自豪。

> 常爱辋川寺，竹窗东北廊。一别十余载，见竹未曾忘。
> 今春二月初，卜居在新昌。未暇作厩库，且先营一堂。
> 开窗不糊纸，种竹不依行。意取北檐下，窗与竹相当。
> 绕屋声渐渐，逼人色苍苍。烟通香霭气，月透玲珑光。
> 是时三伏天，天气热如汤。独此竹窗下，朝回解衣裳。
> 轻纱一幅巾，小簟六尺床。无客尽日静，有风终夜凉。
> 乃知前古人，言事颇谙详。清风北窗卧，可以傲羲皇。

在长安安顿下来后，白居易也常与好友一同饮酒作乐。不过，今时不同往日，他常深感郁闷与惆怅。

依据唐制，往往以四品为界，后四品常称为"青衫"。三品以上着紫袍，佩金鱼袋。四品及五品次之，穿的是深浅绯袍，佩银鱼袋。而六品及七品，着绿袍，不佩鱼袋。八品及九品，穿青袍即可。

白居易回京任尚书司门员外郎，无非一个司的副官。按品阶来讲，不过从六品上，应着绿袍，不必佩鱼袋。而在忠州任刺史时，好歹是正官，着绯袍。从地方官到京官，自然欣喜，何况是贬官召回京都。不过，从品阶上讲，员外郎比不得刺史，官位有所降低。穷通难定，白居易心中终究卡着一根刺。

更让他愁郁的是，元稹、李绛、王起及钱徽等友人回朝后，统一着绯袍，高他一等。悲喜参半间，曾作《初授尚书郎，脱刺史绯》自嘲，诗中写道：

> 亲宾相贺问何如，服色恩光尽反初。
> 头白喜抛黄草峡，眼明惊拆紫泥书。
> 便留朱绂还铃阁，却著青袍侍玉除。
> 无奈娇痴三岁女，绕腰啼哭觅金鱼。

所幸，京城的老友元宗简与白居易品阶相同，都着绿袍，一同上下朝时，恰有人作陪。元宗简比他年长九岁，任京兆府少尹。某次朝后，两个人走在路上，回望之时发现周遭着红袍或紫袍，佩金银袋。霎时，元宗简喃喃自语，吟了首绝句。白居易应和，作《朝回和元少尹绝句》一首，抒发内心的郁闷。

> 朝客朝回回望好，尽纡朱紫佩金银。
> 此时独与君为伴，马上青袍唯两人。

岁月催人老，非人为可控。人间烟火，暖得人心潮汹涌，可无情的官场惹得人心波不平。

对于新帝，白居易捉摸不透。只好，既来之，则安之。平时，闲看窗外绿竹，听风声

飒飒，寻得一丝平静与淡然。

元和十五年（820年）十二月，白居易擢任主客郎中、知制诰。《旧唐书·穆宗本纪》曾记载，"丙申，以司门员外郎白居易为主客郎中、知制诰"。

主客郎中，比员外郎品阶高一等。而知制诰，一般在郎官中选任，主要负责起草诏令、敕书等，进一步便可晋升为中书舍人。自返京诏书下达，至今日升迁，仅短短数月间，可他的心底总有一丝落寞。

某日，白居易邀请元稹、王起等好友叙旧闲饮。席间，推杯换盏，颇有兴致。在座诸位，皆是朝堂有为之士，纵论国事，闲聊风月，舞文弄墨，肆意畅怀。月黑风高，略显微凉，一股寒风侵入，不经意想起鬓发斑白，年老体衰，悲伤处写下了《初除主客郎中、知制诰，与王十一、李七、元九三舍人中书同宿，话旧感怀》。

闲宵静话喜还悲，聚散穷通不自知。
已分云泥行异路，忽惊鸡鹤宿同枝。
紫垣曹署荣华地，白发郎官老丑时。
莫怪不如君气味，此中来校十年迟。

这一路，白居易走得辛苦，也走得从容。

自江州转入京城，独善其身与兼济天下时常交替而行。失意之时，静看闲云，随遇而安，随心而往。得意之时，不浮躁，不忘形，偶尔感伤，时而害怕年老无力，毫无作为。

为官，不争不抢，淡然为之。不论得意与失意，他只是善于把一切的悲喜写进诗里。

欲抛官去尚迟疑

官场浮沉，冷暖自知。

再入世，头发花白。老当益壮，不过是世人心底的执着。面对现实，免不得一番感慨。

再回到长安，繁华的都城勾起一幕幕或欢喜或悲伤的过往。人生短短几十年，生命的扉页留待一步步精心撰写。

白居易五十岁时，唐穆宗改年号为长庆，是年为长庆元年（821年）。

春日到来，姹紫嫣红，正是出游赏玩的好时机。见到芬芳遍野，桃红妖艳，便不经意想起东林寺旧游的场景。如今，离开江州已有三年，逢春常感凄凉，忆起在那里认识的朋友。落寞之际，作《春忆二林寺旧游，因寄朗、满、晦三上人》一首，以表达情思。

一别东林三度春，每春常似忆情亲。

头陀会里为遗客，供奉班中作老臣。

清净久辞香火伴，尘劳难索幻泡身。

最惭僧社题桥处，十八人名空一人。

这一年，是多事之秋。几多惆怅，几多欢欣。

长庆元年（821 年）春季，朝廷举行进士科考试。此次科考，主考官是白居易的内兄、右补阙杨汝士，以及礼部侍郎钱徽。试后，杨汝士之弟、宰相裴度之子及李宗闵的女婿纷纷上榜，而段文昌、李绅请托的杨浑之及周汉宾未能及第。于是，李绅与段文昌二人向唐穆宗上谏，扬言科举有猫腻，主考官有徇私舞弊之嫌，理应重考。

唐穆宗询问是否有此事，李绅、元稹、李德裕一概默认。一番考量后，唐穆宗委派白居易及王起一同主持复试。

复试当日，考场设于楼亭之内，题目为诏书上所定，即《孤竹管赋》及《鸟散余花落诗》。这次复试，白居易不敢大意，仔细评卷时发现诸位考生确实无缘登科，一时没了主张。和王起商议后，他决定给圣上呈上一份奏折，以期不负圣恩，又不得罪朝臣。他在《论重考试进士事宜状》中云：

> 伏以陛下虑今年及第进士之中子弟得者侥幸，平人落者受屈，故令重试重考乃至公至平。……昨重试之日书策不容一字，木烛只许两条。迫促惊忙，幸皆成就。若比吏部所试，事校不同。虽诗赋之间皆有瑕病，在与夺之际或可称量。倘陛下垂仁察之心降特达之命，明示瑕病以表无

私，特全声名以存大体。

唐穆宗看后，知道这些人大多无才却及第，实与考官钱徽、杨汝士有关。盛怒之下，唐穆宗将二人贬出了京城。

身处朝堂，难避纷争，同僚不可得罪，圣心不可揣摩。白居易这一步走得实在艰险。事后想来，心有余悸，不觉生出了一丝隐退之心。

钱徽被贬之地在江州，正是白居易先前所去之处。送行之际，白居易心底很不是滋味。千言万语，也难改友人被贬的事实。不过，真正的友谊不会那么容易被摧毁，钱徽知道他的难处。见到友人的诗文，白居易深感惭愧，他在《钱侍郎使君以题庐山草堂诗见寄，因酬之》中告诉好友，自己很想念江州的庐山草堂，如果有机会，希望一享清闲。

殷勤江郡守，怅望掖垣郎。

惭见新琼什，思归旧草堂。

事随心未得，名与道相妨。

若不休官去，人间到老忙。

官场喧嚣，怪不得顾况说"居大不易"，所言非虚。不过，心存鸿鹄之志，想成就大业，就不得不学会在官场周旋。累是必然的，毕竟，人生的路本就没有坦途可言。

偶然，独立于夕阳下，沉思过往。遥望天上的飞鸟，近看飘扬的飞絮，白居易也想随心所欲地生活。

经复试重考一事，白居易的正直颇受唐穆宗青睐，朝臣也对他敬重有加。为官，秉持本分，骨子里多淡泊。或许，正是这份正直与淡然，再加上自有的才华，才一次次赢得了唐穆宗的青睐。

就在白居易郁郁之际，长庆元年（821 年）六月，他与元宗简同时被授予朝散大夫一职。

或许，唐穆宗召他回来，不授高职，自有一番用意。

在送达诏书之时，抵达京兆府尚须要多些时日，白居易便作《酬元郎中同制加朝散大夫，书怀见赠》，戏谑间与老友比较一番。

命服虽同黄纸上，官班不共紫垣前。
青衫脱早差三日，白发生迟校九年。
曩者定交非势利，老来同病是诗篇。
终身拟作卧云伴，逐月须收烧药钱。
五品足为婚嫁主，绯袍著了好归田。

朝散大夫，官从五品，可着绯袍，白居易自然得意。没过多久，唐穆宗又下旨擢白居易为上柱国，官从二品，无限荣耀。妻子杨氏，也得封为弘农县君。与此同时，三弟白行简也被授予拾遗一职。

三喜临门，一切来得猝不及防，确实让人难以置信，也感到惭愧。不过，升迁高位也确实可以扬眉吐气，不必再感到卑微低下了。

早起上朝时，白居易与三弟一同走在通往皇宫的路上。在宫外下马后，按官阶依次入内，然后上朝议事。白居易曾在《行简初授拾遗同早朝入阁因示十二韵》中直言"尔随黄阁老，吾次紫微郎。并入连称籍，齐趋对折方。斗班花接萼，缀立雁分行"，内心相当满足。他感激唐穆宗的赏识，也期望三弟"唯求杀身地，相誓答恩光"。

对于妻子获封，白居易颇感不解，作《妻初授邑号告身》戏谑一番，饶有兴致。

弘农旧县授新封，钿轴金泥诰一通。
我转官阶常自愧，君加邑号有何功？
花笺印了排窠湿，锦标装来耀手红。
倚得身名便慵堕，日高犹睡绿窗中。

升迁不久，适值十月，唐穆宗又下旨提拔白居易为中书舍人。

一路升迁，白居易的官途可谓顺风顺水。他大抵知晓，唐穆宗对自己恩泽深重。不过，越是如此，他越觉得有愧，深感惶恐。

十二月，正是大雪纷飞之际。漫天的雪，洋洋洒洒，落到地上，与泥土共存。

窗外风雪不绝，屋内邀友围炉畅饮。天气凄寒，心如暖阳，唱和间烦恼都抛在了脑后。

文人好诗酒，不乏结识众多友人，何况白居易文采斐然，早已声名在外。

李景俭是前任忠州刺史，为人耿直，不屑权贵。某日，他

白
居
易
传
：
长
恨
春
归
无
觅
处

与独孤朗、杨嗣复、温造、冯宿等人高谈阔论。席间，谈到了卢龙、瀛洲及相州军乱之事，一时口出狂言，指责朝廷、当今圣上及宰相。

祸从口出，李景俭却不以为意。酣畅之际，更是来到中书省直呼宰相之名讳，醉中当面斥责他们的不当之处。王播、杜元颖及崔植听罢，火冒三丈，即刻告知了圣上。唐穆宗知晓后，大怒，将李景俭贬至漳州，席间谈论者俱遭贬黜。

元稹与李景俭素来关系匪浅。当年，李景俭因得罪权贵被贬沣州，就是元稹向圣上求情，才得以改任仓部员外郎，后又得到提拔。如今，友人有难，元稹便找白居易一同商量。毕竟，李景俭与白居易也有些渊源。

不过，天子之威，不是旁人可撼动的。群臣的话，天子听得进，但不一定会照做。李景俭行事，也确实过于鲁莽，最终只能望着他渐行渐远。

身处官场，纷争不断。是非名利，犹如一把把锋利的剑，来时猝不及防。看惯了官场中的尔虞我诈，钩心斗角，疲累的身心只想寻一处净土安放。

长庆元年（821年），元稹拜中书舍人。次年春，穆宗又提拔他为中书门下平章事。裴度看着元稹一升再升，心中颇为嫉妒。自此，两个人的矛盾逐步升级，好友转眼间成了敌人。

起初，裴度在唐穆宗面前扬言元稹勾结宦官。接着，元稹上奏请求夺取裴度的兵权。继而，裴度三次上奏弹劾元稹不配合前方战事。两相争斗之际，兵部尚书李逢吉使出诡计，坐收渔翁之利。

那是长庆二年（822 年）三月，为了夺得高位，李逢吉煞费了一番苦心。他找人给裴度传信，诬陷元稹有谋害裴度之心。唐穆宗得知，对嫌犯一一严查。同为朝中要臣，明暗处斗争不断，不论真相如何，唐穆宗最终将两个人都罢免了。

白居易、裴度及元稹，一直交好。孰料，名利面前，会争得面红耳赤，以致惊动朝野。孤直，是白居易对元稹一直以来的印象。可渐渐地，名利似乎要吞噬了元稹，他奋力地攀爬，一度忘了走过的路，结下的情谊。看着昔日的好友为了一己私欲争斗不休，白居易深感无力。红尘的是非权谋，他实在厌倦了，很想于庙堂中退隐。

某日，白居易去萧相公宅，遇见了自远禅师。困顿之际，写下了《萧相公宅遇自远禅师，有感而赠》，以抒发心中的愤懑。

> 宦途堪笑不胜悲，昨日荣华今日衰。
> 转似秋蓬无定处，长于春梦几多时。
> 半头白发惭萧相，满面红尘问远师。
> 应是世间缘未尽，欲抛官去尚迟疑。

官途难测，不得志时郁郁寡欢，得志时纷争不断。

昔日的荣华富贵，转眼间可能化为乌有。到那时，人如秋蓬，居无定所，不过春梦一场。

进还是退，这是一个时代难题。

年过半百，白发已生，安世之志未得，又岂能草率收场？

可，风云莫测，官场阴暗，如何才能心无所累，实现宏愿？

第六章　浮名不系名居易

走得久了，便心生倦意，妄图临风而眠，倚花醉酒。

聚散依依，烟波渺渺。

杨柳岸，翠树之上杜鹃鸣啼。青天上，大雁一掠而过。

与鸥鸟结盟，笑看水满陂塘，风绿江南，褪去一江春愁。

随缘又南去

每个人都是红尘路上的匆匆过客，沿着松径，跋涉山河，流转一座又一座的城。

而每个人，很多时候就是一座小小的城。

打开城门，迎接那颗热血沸腾的心，安放在或沧桑或浮华的小镇。里面的人撑着桨，拨开掩映着的荷叶，在水中悠然地穿梭，荡向停息的岸边。外面的世界，喧嚣暴戾，潮涨潮落，最后落得一身的泥泞。

红尘如梦，半生沉醉，半生觉醒。离开，是为了找回心底的宁静，以及不忘的初心。

春日，双脚轻蘸红雨，如同在宣纸上游走水墨。临了冬季，双脚轻触薄薄的细雪，踩出几声清脆，等待不可思议的下一个季节。

如此，甚好。清闲处有清风，有诗酒，还有头顶上的明镜，朗朗的乾坤。

计划才刚刚开始，铺垫仿佛生了脚，步步紧逼。偶得闲暇，细思回京后的种种，不禁惶恐而寒栗。

那是长庆元年（821年）八月，白居易受旨前往田布府宣谕。

田布，为忠烈田弘正之子。早在唐宪宗时期，田弘正助朝廷征伐吴元济，后又征讨李师道，战功卓著。不过，就在他授任成德节度使检校司徒后，长庆元年（821年）七月，成德都知兵马使王庭凑发动叛乱。最终，田弘正遇害，死的还有他的家属及三百余将史。

唐穆宗听闻，封田弘正为太尉，授田布任魏博节度使、检校工部尚书，出兵征讨王庭凑。此次，白居易奉命来到田布府邸宣旨，田布欲赠他五百匹绢表达谢意。感激之余，多是惶恐不安，白居易一向正直，自是不愿接受。

田布见白居易不收绢匹，料想他心中定是顾忌太多，索性直接派人送至白府，又找人从中调和。而后，唐穆宗知晓此事，专门派人告知白居易可欣然收下。惊动圣上，白居易晚间难寐，心绪惴惴难平。

在朝为官，他从不求闻达，只求无愧于君王、黎民，守住本心。只是，官场纷杂，经常利害相关，加之人情世故烦琐，扰人心神。

月明星稀，茶烟几缕。他安坐于桌旁，诚挚地写下《让绢状》。白居易先谢圣恩，说自己"恐镇州贼人徒未殄，田布财产已空"，又言"食国家之厚禄，居陛下之清官，每月俸钱，尚惭尸素，无名之货，岂合苟求？"最后，直言已将绢匹悉数送还，愿圣慈应允。

其实，田布志在削藩，此次为父报仇出征，家产早已变卖，又拿出自己的俸禄充当粮饷，白居易心中自当有数。他不愿收，有恐遭诟病的顾虑，主要还在于心底拳拳的报国忠心。

一代贤臣，忠心可鉴。一代贤将，终不敌作乱叛军，捐躯而亡。在生命的最后一刻，田布如同项羽般壮烈，自刎而死，誓不投降。

唐穆宗听得死讯，悲恸不已，封田布为尚书右仆射，又废朝三日表示哀悼。当时，颁发的诏书是白居易所拟，那一刻，不知他心底是如何的悲伤。

世事苍凉，悲伤的事还在继续上演。

长庆二年（822年），白居易的好友元宗简去世了。刹那间，他的心冷成了冰窖。曾几何时，他们一同上朝、下朝，因身着青袍而相互发牢骚。后来，一同升迁，又因脱青袍而相互戏谑取乐。

正值六月，草径幽深，林鸟争鸣。某日，白居易与沈传师、杨嗣复在宫中值守，唐穆宗特赏赐樱桃给他们。只见，颗颗饱满，红润有光泽，咬上一口，鲜美甘甜。吃着樱桃，白居易感念着圣恩，不由得想起元宗简来。那日，在元宗简家，他也看到了如此的尤物。如今好友离开了人世，白居易心中思念至深，便写下了这首《元家花》。

今日元家宅，樱桃发几枝。

稀稠与颜色，一似去年时。

失却东园主，春风可得知？

如今，一样的樱桃，恰似当年见到的模样。可惜，园主不在，又有什么意义呢？春风如往常一般而至，吹红了果实，却终究带不回逝去的人。

失去就是失去了，往昔只能留在风中，记在笔端，念在心上。

一旦记忆拉开了闸门，洪水般便翻涌而来。

这一年，元稹离开了。裴度、李景俭等友人也离开了。每日早朝，白居易看似如往常一般，心里却总觉得空落落的，不过躯壳罢了。

升迁高位，欣喜是自然的。但从未施展自身的才华，也无法实现自己的抱负，只能郁郁不堪。眼看着朝廷腐败，作乱又起，而无可奈何。

这一年，河朔复乱。白居易上奏，建议重用裴度、李光颜等人，以平息祸乱。另外，他还提出，朝廷在军费、赏罚、用人等方方面面存在弊端，需要加以改进。可惜，唐穆宗并未理会，白居易的一腔热血尽付东流。

《旧唐书》针对此事，评论道：

凡朝廷文字之职，无不首居其选，然多为排摈，不得用其才。时天子荒纵不法，执政非其人，制御乖方，河朔复乱。居易累上疏论其事，天子不能用，乃求外任。

　　的确，白居易素来以天下为己任，尽忠职守，鞠躬尽瘁。哪怕，如今年迈体衰，忠诚依旧不改。无奈，唐穆宗只让他干文职，政事一概不听，人一概不用。

　　据统计，白居易自长庆元年（821 年）十月任中书舍人，一直到次年七月离任，完成诏书达二百三十三篇有余。

　　如此一来，也难怪他心生急流勇退之意了。他在《早朝思退居》中写道：

　　　　霜严月苦欲明天，忽忆闲居思浩然。

　　　　自问寒灯夜半起，何如暖被日高眠？

　　　　唯惭老病披朝服，莫虑饥寒计俸钱。

　　　　随有随无且归去，拟求丰足是何年？

　　身居朝野，每日犹如严霜苦月，偶然想起孟浩然，心生向往。夜半寒灯时，兀自惶恐不安，常辗转难眠，实在忧心。不如闲居清净，日日睡到暖阳高照。如今，老迈多病，上朝不过挣得些许俸钱。丰足何年是头？还不如暂且归去，逍遥自在。

　　这首诗含蓄委婉，写出了白居易的向往，道出了他的无奈与心酸，自作旷达地安慰自己远离皇城。

　　当纷扰太多，走的心便更坚定了，白居易的言语中透着一丝决绝，作诗《自问》。

黑花满眼丝满头，早衰因病病因愁。

官途气味已谙尽，五十不休何日休？

白居易在诗中直言眼花发白，早衰病愁，官场的气味已完全熟悉，五十岁不休何时再休呢？

生命是有限的，价值是永恒的。在有限的时间里实现无限的价值，是每个有志之士的追求。运命非人力可控，选择放手，退一步，说不定就是海阔天空。

在江州时，白居易曾亲访柴桑，那是陶渊明待过的地方。陶渊明，有自己的执着，也有自己的清醒。他生性傲岸，饱读儒家经典，生就满腹的仁义道德，不屈服，不妥协。

任彭泽县令时，督邮刘云到此巡查。有人告诉陶渊明，须着官服恭敬相迎，不可怠慢。这份差事，是陶渊明历经进退后好不容易得来的。可刘云实在可恶，欺压百姓，索要贿赂，粗暴而傲慢。面对这样的人，陶渊明道："吾不能为五斗米折腰，拳拳事乡里小人邪！"

这是他最后一次入仕，时间不过八十多天。辞官后，退隐山野，吟风弄月，居住在山脚下，悠然自得。那些日子，饮酒赏花，看青山巍峨，江水悠悠。门前，有他种的五棵柳树，生活惬意，自号"五柳先生"。

陶渊明通透清醒，活得肆意潇洒。白居易流连在柴桑，在陶渊明的故居前怅然若失。岁月太重，承受不起那么多的是是非非。有时，岁月又太轻，一晃眼已历经千帆。离去时，脚步很轻，思念很沉。那一日，白居易慎重地写下了《访陶公旧宅》，句句诚恳，读来怆然。

垢尘不污玉，灵凤不啄膻。呜呼陶靖节，生彼晋宋间。
心实有所守，口终不能言。永惟孤竹子，拂衣首阳山。
夷齐各一身，穷饿未为难。先生有五男，与之同饥寒。
肠中食不充，身上衣不完。连征竟不起，斯可谓真贤。
我生君之后，相去五百年。每读五柳传，目想心拳拳。
昔常咏遗风，著为十六篇。今来访故宅，森若君在前。
不慕尊有酒，不慕琴无弦。慕君遗荣利，老死此丘园。
柴桑古村落，栗里旧山川。不见篱下菊，但馀墟中烟。
子孙虽无闻，族氏犹未迁。每逢姓陶人，使我心依然。

白居易悔恨，自己生于陶渊明之后，无法相逢。每次读他的传，吟咏他的诗文，心生拳拳之心。人虽已逝，但风骨犹存。做人，当不慕名利，死于丘园，自得其所。

而今，物是人非，满眼芬芳流失在云烟中，不变的只有那亘古的情怀。

走过春花，经过秋月，历经过凛凛的寒霜与冬雪。白居易决定了，请求外任。

长庆二年（822年）七月，白居易辞去中书舍人一职。《旧唐书·穆宗本纪》中记载："壬寅，出中书舍人白居易为杭州刺史。"

心愿终于达成了。不知为何，接到圣旨的刹那，白居易竟五味杂陈。那种心情，说不清，道不明。事已至此，无从更改，一切是自己所选，怨不得他人。

只是，白居易心底多少有些不甘。壮志难酬，如何消解？给别人说了也无济于事，一腔惆怅，最终只能化作一首诗，名为《初罢中书舍人》，简单干脆。

自惭拙宦叨清贵，还有痴心怕素餐。

或望君臣相献替，可图妻子免饥寒。

性疏岂合承恩久，命薄元知济事难。

分寸宠光酬未得，不休更拟觅何官。

再有才华的人，终免不了受生活的负累。在诗中，他表露了自己的清贵之心，毫不避讳。转念间，命本薄如蝉翼，恩宠有余，安世无望。最好的结局，还是离开。

几番挣扎，他踏上了心心念念的退隐之路。

杭州，那是他向往的地方。

此后，他将在江南的微雨中，织造一场清宁的梦。

闾阎旧日情

背上行囊，作别天边的云彩。

炎炎盛暑，翠色欲滴，树影间穿过<u>丝丝微风</u>，风送来阵阵的清香。鱼儿戏水，凌波欢跳。<u>丛竹</u>蝉声不断，骤然雷响轰鸣。

这，便是自由的味道。

世间最美好的事，莫过于心之所向，皆一一顺遂。乘着自由的风，行进在辽阔的天空下，广袤的原野，漫天的烟霞，美得如一幅山水画。

走过，才知抉择的艰难；痛过，才知及时止损的可贵。选择了，便坚定地走下去，无惧风雨，只顾风尘仆仆，抵达心中所念的地方。

对于白居易而言，此次出京非贬谪，也不是升迁。江南，是重要的经济区，一般会把施政有方的官员派往此处。杭州，属上州，正是江南要地，须有贤能之人管治方可。然而，刺史终究是外官，比不得京官显贵。可见白居易并非只想图得清闲，唐穆宗心底也是另有打算。

山水一程，路途邈远。哒哒的马蹄声飞驰而过，犹如脱离牢笼的鸟般欣喜。经过蓝溪时，白居易按捺不住激动的心情，展开纸笔，挥毫写成《长庆二年七月自中书舍人出守杭州，路次蓝溪作》一诗，一扫在京的愁闷。

太原一男子，自顾庸且鄙。老逢不次恩，洗拔出泥滓。
既居可言地，愿助朝廷理。伏阁三上章，戆愚不称旨。
圣人存大体，优贷容不死。凤诏停舍人，鱼书除刺史。
冥怀齐宠辱，委顺随行止。我自得此心，于兹十年矣。
馀杭乃名郡，郡郭临江汜。已想海门山，潮声来入耳。
昔予贞元末，羁旅曾游此。甚觉太守尊，亦谙鱼酒美。
因生江海兴，每美沧浪水。尚拟拂衣行，况今兼禄仕。
青山峰峦接，白日烟尘起。东道既不通，改辕遂南指。
自秦穷楚越，浩荡五千里。闻有贤主人，而多好山水。
是行颇为惬，所历良可纪。策马度蓝溪，胜游从此始。

在白居易看来，自己不过是一个"庸且鄙"的人，没有显赫的家世背景，少小苦读，青年进京赶考，入仕后历经宦海沉浮，人世悲凉，却不失济世安邦的宏愿。处于低位，不轻贱，与贤能之士对酒当歌，纵情山水，高谈阔论。位居高位之时，恪守本分，一心忠君为民。

不过，曾三次上奏陈述己见，都未得君王理会。那时，心似结了万丈的冰，也庆幸圣上没有怪罪。

如今，得到了外任的应允，赶赴在杭州名郡的途中，心情大好。

多年前，白居易曾到过杭州，见过那里的盛景。山清水秀，鱼美酒香，为官者甚觉尊贵，眼神中透出渴望，心中有一些期许。

烟尘四起，水波不兴。此时踏在浩荡的路途上，多的是解脱、自由与期许。

或是一切有缘，经过商山之时，白居易遇到了老友张籍。在外相逢，甚是欣喜，两个人同宿一处，有说不尽的话。

张籍素来与韩愈交好，亦师亦友，和白居易相识时，二人地位相差悬殊。当时，白居易任翰林学士、左拾遗，张籍不过是太常寺太祝，且病体缠身，情志不佳。为了结识白居易，张籍还专门写了首《寄白学士》。

自掌天书见客稀，纵因休沐锁双扉。
几回扶病欲相访，知向禁中归未归。

面对白居易，张籍不卑不亢，真诚相待，即便病体欠佳也要拜访。如此深情，白居易自然坦诚回馈，后提笔写了首《答张籍因以代书》。

怜君马瘦衣裳薄，许到江东访鄙夫。

今日正闲天又暖，可能扶病暂来无？

　　诗中，白居易言辞温柔，句句诚恳。先表怜惜，后委婉相邀，既有意成全，又顾念友人的身体健康。

　　有情之人，自当惺惺相惜。而后，白居易和张籍开始了长达近三十年的友谊。

　　在这里，白居易久久流连，他也曾登上商山最高的绝顶，俯瞰泱泱大地之时，顿生无限感慨。商山，被称为"中国第一隐山"。古时这里有四皓，分别为东园公唐秉、夏黄公崔广、绮里季吴实和角里先生周术。当年，秦始皇焚书坑儒，时世动荡，人人自危。他们上商山，见山野辽阔，地处清幽，远离京都的纷扰，便定居于此。后来，秦亡汉立，刘邦在位时欲废太子刘盈，吕后专请四皓出山。未料，功成身退后，他们四人继续隐居深山老林，直到逝世。

　　念及此，白居易百感交集。世人皆为名利争相追逐，这四人淡泊如初，超尘脱俗，感慨油然而生，作《登商山最高顶》，聊表衷肠。

　　　　高高此山顶，四望唯烟云。

　　　　下有一条路，通达楚与秦。

　　　　或名诱其心，或利牵其身。

　　　　乘者及负者，来去何云云。

我亦斯人徒，未能出嚣尘。

七年三往复，何得笑他人。

这世间，多的是身不由己。很多时候，难做到始终如一，往往是迷失于烟尘之中，偶尔清醒，偶尔迷醉。

所以，白居易说自己也是这样的人，常被名利诱牵，一直未能出嚣尘。仅仅七年，就往复了好几次，不禁愧怍难当。

往昔不再，难回当初。迎着风，撑起前行的桨，一路高歌，看翠色绵延，万山红遍。

长庆二年（822年）八月，白居易行至襄阳，登舟后沿着汉江直入。经过郢州之时，白居易收到了刺史王镒的盛情款待。还记得，当时李景俭醉酒后责骂宰相被贬，牵连在内的便有当时任刑部员外郎王镒。

岁月如歌，人生如蜿蜒的长河。身怀赤了之心，常存人性中善良的光辉，白居易上奏仗义执言。可惜，一腔赤胆未得到唐穆宗的理会与许可，但把王镒这份情记在了心间。

此刻，烟波浩渺，尘烟弥漫。相逢处，即是冥冥中的注定。举起杯盏，恩情尽在酒中。

晚间，背对着夕阳，回首再回首，直到落日的余晖殆尽，飞鸟隐匿在了山林的尽头。水波不停地后退，人也无法停留。挥一挥手，目之所及一一记取，留待下次相聚，吟诗欢谈。

经过洞庭湖口时，水势浩大，汹涌的急流惹起了诗人心底的浪花。水，自有本性。水，也成就了一段传奇。

遥想当年，洪水泛滥，鲧治水九年而无效，群臣推荐鲧的儿子禹一试。舜不因他是鲧之子而心生轻蔑，禹也不因舜惩处父亲而心生记恨，就这样，禹开启了漫漫的治水之路。

　　那时，大禹刚成婚不久，便踏上了未知的征途。他分析了父亲的堵塞之法，后发明疏导治水的策略，一路风餐露宿，艰辛异常。所见之处，都是饱受洪水迫害的百姓。他们挣扎着，咆哮着，无力还击，只能受尽暴虐，家破而亡。

　　一幕幕漫上心头，大禹更坚定了治水的决心，三过家门而不入。某次，他风尘仆仆地回来了，听到了孩子的哭声，那是妻子刚刚给他生了一个儿子。血肉相连，心隐隐作痛，他踟躇着，徘徊中突然向草屋深深地鞠躬。那一刻，仿佛定格了，久久才直起身，然后头也不回地走了。可想，他的眼里定是含着热泪的。

　　不知是不是为民而生，只知为民的心如磐石般坚毅。情到深处，难以抗拒，所以义无反顾。望着满眼流动的横波，不知白居易的心底是不是又泛起了济世的情怀？

　　一程过后，一程又起。这一程，是江州，是曾让白居易泪湿衣衫的地方。

　　旧地重游，心间有些许欣喜，又有些许感慨。离开，不代表会遗忘，看，那出了城郭的禅师站在岸上，挥手相迎。环顾四周，满眼青山，恍惚间定神，发觉白发横生，一事无成。

　　重游庙宇，再登上庾楼，秋水共长天一色，郡民的模样还记得分明。与老友重游时，旧日之情燃起，白居易不由得吟咏了首《重到江州感旧游，题郡楼十一韵》，以抒胸怀之声。

> 掌纶知是忝，剖竹信为荣。才薄官仍重，恩深责尚轻。
> 昔征从典午，今出自承明。凤诏休挥翰，渔歌欲濯缨。
> 还乘小艖艒，却到古湓城。醉客临江待，禅僧出郭迎。
> 青山满眼在，白发半头生。又校三年老，何曾一事成。
> 重过萧寺宿，再上庾楼行。云水新秋思，闾阎旧日情。
> 郡民犹认得，司马咏诗声。

　　醉酒之际，真言尽吐。此次重返江州，更多的是年老体衰的无奈，以及壮志难酬的不甘。所幸，有酒，有友，还有未残灭的理想之灯，它们将指引着白居易走向更远的远方，抵达内心深处的彼岸。

　　江州一行，最难忘的莫过于庐山草堂，毕竟那是寄放灵魂的港湾。

　　花开有期，残落有时，一枯一荣，这是自然之常态。穿过风，聆听泉石叮咚的鸣响，路上的林木明显稀疏了，僧侣也少了。依稀中，记不清何时离开的。只是觉得，难得重游，定要在云扉处留宿一夜。

　　再美的夜晚，难敌心底的波涛汹涌。云浮在天空，心也随着飘浮的云骚动起来。猛然间，踌躇满志，也想在有生之年以偿所愿。然而，天意难违，时运难料，恐无法成其事，只落得白发苍苍而归。

白居易的心情就像那江水，时而平缓，时而翻涌，被他委婉含蓄地记录在了《重题》中。

> 泉石尚依依，林疏僧亦稀。
>
> 何年辞水阁，今夜宿云扉。
>
> 谩献长杨赋，虚抛薜荔衣。
>
> 不能成一事，赢得白头归。

泉石泠泠作响，一字一句地轻读，顿挫间，宛若能听到诗人叹息的声音。

前尘如梦，理想有时也如梦，任之而来，随之而去，如此才好。

入世，是为了自洽；出世，也是为了自洽。

回忆，是因为流连与怅恨；畅想，是因为还抱有期待。

无论何种，春风总要掠过山岗，四季还是会轮回，在顺应中进取，在进取中也要学会坦然面对。

务身安闲心欢适

生活处处是风景，走的每一步都会成为自己的财富。

白日，风光正好，水光潋滟，山峦连绵，风起微凉而不刺骨。走的路多了，心中已有了前行的方向。

不过，自从出了京城，长途跋涉，心中的疲累难以言表。骤然间，雨潇潇地下着，似乎心底也潮湿了一般。

路走久了，心像归思的箭，猝然射向了家的方向。夕阳西下，沿着古道，老树上的乌鸦不再嘶鸣，小桥下的水"哗哗"作响，远处有几间屋舍，却不是自己的亲友。

晚间，渔火通明，月明如镜，洒下的光辉轻笼在沙上，明晃晃的。风吹过，涨起了帆，船上满是白霜。临海越近，江面越阔，夜也长了，瞬间觉得百无聊赖。烟波上行进不息，不知见过多少个夜晚的星辰。

一切归于沉寂，静悄悄的。独立在船头，遥望看不到尽头的远方，思念之情忽然从牛，便作了首《夜泊旅望》。

> 少睡多愁客，中宵起望乡。
>
> 沙明连浦月，帆白满船霜。
>
> 近海江弥阔，迎秋夜更长。
>
> 烟波三十宿，犹未到钱塘。

走了这么久，杭州未至，言辞间颇有些埋怨。终究，离别的尽头是无尽的思念。

转山转水，转出自我。眼界宽了，心便大了。跳出自我的局限，除了感知情思，发觉雪鬓颜老，还看到温良的妻子在身边悉心照料，婢仆精心侍奉。如此一来，心底多的是暖色，人间的事就不觉困顿了。

方寸之间，天地变幻，心境也变了。此时，寒霜落满庭院，不免寒凉，《秋寒》这首诗恰是应景之作。但，心微暖有余温，尚可淡然地迎接风雨，闲来泛舟游荡，见自然宇宙的浩瀚无垠。

> 雪鬓年颜老，霜庭景气秋。
>
> 病看妻检药，寒遣婢梳头。
>
> 身外名何有，人间事且休。
>
> 澹然方寸内，唯拟学虚舟。

不觉间，已走过了五十载春秋，过往种种，皆成浮云。唯有放下，才能赢得新生。

于是，呼吸着新鲜的空气，舒展舒展腰身，抖擞抖擞精神，迈着轻快的步伐，白居易终于到了杭州。长庆二年（822 年）十月一日，就在这一刻，恍然生命又焕发生机，有了力量。

杭州，自古是文人墨客笔下的名胜之地，声名在外。

来到此处，一切似乎都慢了下来，有的是空闲。初到宝地，白居易便迫不及待地偕同友人畅游。

他去过灵隐寺，到过钱塘江，赏过西湖的胜景，四处饮酒欢歌。

在他的眼中，杭州依傍着青山，枕着西湖。围绕着城郭，有三十里飘香的荷塘，一千株松树随风拂动。这里有梦儿亭，传说亭子因谢灵运而得名，又名客儿亭（谢灵运小字客儿）。这里也有教妓楼，据说与苏小小有关。

望着满眼的风光，狂叹自然的巧夺天工，却也略感到岁月的凉薄。眼下，白髭须横生，容颜苍老，不禁有些忧伤。

某一刻，白居易将杭州的胜景记在了笔端，有感而发，写成了《余杭形胜》。

余杭形胜四方无，州傍青山县枕湖。

绕郭荷花三十里，拂城松树一千株。

梦儿亭古传名谢，教妓楼新道姓苏。

独有使君年太老，风光不称白髭须。

白居易生性淡泊，这里的景甚合他的心意。府衙事务不多时，隐隐的青山、绕外城的荷花、古老的亭子，便都成了放松的处所。

日光渐逝，山水正好。恍惚中，白居易记起去年刚从江州刺史任上迁湖州刺史、工部郎中的钱徽，以及苏州刺史李谅。杭州与苏州、湖州相距不远，白居易到任后立即写信告知，两位友人纷纷寄来好酒。

身居在外，得到关切自然欢喜。心的距离拉近时，提笔落墨间，不自觉地一吐心中所想。白居易在《初到郡斋寄钱湖州李苏州》中说："唯此钱唐郡，闲忙恰得中。"言语中满是安适与满足。

某天，白居易收到李谅给自家儿子的诗，一下子刺痛了他敏感的神经。他三十七岁成婚，四十岁长女金銮子病夭。而后，三女儿也夭折，如今只留得二女儿阿罗在侧。

读到来信的刹那，白居易充满了艳羡，也怀有无限的悲伤。释怀太难，只能自嘲一番缓解内心的郁结。那天的诗作题为《见李苏州示男阿武诗，自感成咏》，整首诗简洁直白，言浅意深。

> 遥羡青云里，祥鸾正引雏。
> 自怜沧海畔，老蚌不生珠。

触景自当伤情。看到青云之上，祥鸾正引着幼崽，温馨的画面瞬间跃然纸上。然而，沧海之中，有一个老蚌迟迟未生出珍珠。白居易怆然的，不仅仅是老来无子的遗憾，更是爱女一再夭折的打击。

花开一季，又将凋残而去。留不住春风，更将难改命定的劫数，留不住珍爱的人。

烟雨朦胧，秋池涨满了水。久久怅望着窗外的景，时过境迁，心底也坦然了许多。见山不再是山，见山却还是山，只是境界猛然有了变化。

每日晨起，白居易开始处理不多的大小事务，有的是闲情。大多时候，他都安坐在琴书前，对着云水，听声声管弦的缠绵，兴酣时饮一壶酒，作一首诗。他说，山林太寂寞，朝阙太喧嚣，杭州这片土地恰介于两者之间，非忙也非闲，一切刚刚好。

无烦杂之事惊扰，心境平和。偶然，昔日的记忆翻涌，他想起以前钟鸣鼎食，如今俸禄只有二千石。在外人看来，定是不如从前，可在他看来恰恰相反。

念从前，终日优容不畅，有诗不敢吟，有酒不敢喝，束手束脚的，身居高位又如何呢？如今，长歌而醉，饱食而坐，远在朝堂之外而心无所累。

人生百年，如白驹过隙，务求身安闲，心才会欢适。事有得失，物有损益，更该看重的是人的心，而非走过的留痕。

某日，白居易悠然地来到西泠桥畔，寻访苏小小的足迹，思念那个寂静似梅的女子。动容处，挥笔写《杨柳枝词八首》时竟写下了两首有关她的诗。

苏州杨柳任君夸，更有钱唐胜馆娃。

若解多情寻小小，绿杨深处是苏家。

苏家小女旧知名，杨柳风前别有情。

剥条盘作银环样，卷叶吹为玉笛声。

　　苏小小的身上，有太多的迷幻。不过，自唐至清，她的形象渐渐清晰，才有了后人对她的追崇。

　　白居易在诗中对苏小小赞誉有加，用得最多的字眼便是"情"。不错的，在清代《西泠韵迹》这部白话小说中，歌妓苏小小居于西泠桥畔，酷爱自由。她曾造了一辆车，整日沿着西湖游玩。

　　命运就是如此神奇，她接连邂逅了少年郎阮郁、落魄书生鲍仁以及观察使孟浪。可叹，与阮郁门第不当，今生无缘。遇见鲍仁时，他还是个穷书生，苏小小慷慨解囊，助他求学。面对孟浪，多的是厌恶，几番斗智斗勇后，意图就此归园，了残余生。这时，鲍仁已获功名，特赶来杭州报恩。可惜，苏小小染病，香消玉殒了。后来，她被葬在了西泠坟墓之内。

　　白居易驻足良久，望着绿杨深处，感慨颇多。或许，这位偏爱自由、不受世俗羁绊的女子，恰激起了他内心同样多情、随性的涟漪。

　　岁月悠悠，涛声依旧，玉人留在了风中。

　　是年冬季，闲暇之时，白居易也曾受邀前去一同饮酒作乐。

那日，登楼而望，白雪皑皑，白居易酒意正浓，当即吟了首《花楼望雪命宴赋诗》。

连天际海白皑皑，好上高楼望一回。

何处更能分道路，此时兼不认池台。

万重云树山头翠，百尺花楼江畔开。

素壁联题分韵句，红炉巡饮暖寒杯。

冰铺湖水银为面，风卷汀沙玉作堆。

绊惹舞人春艳曳，勾留醉客夜裴回。

输将虚白堂前鹤，失却樟亭驿后梅。

别有故情偏忆得，曾经穷苦照书来。

雪花纷纷而落，红炉巡饮，身暖心宽。远望去，水面凝结成冰，风卷狂沙。

对白居易而言，冰雪世界中，驿站后的寒梅略胜堂前的白鹤。曾经，也为了名利而苦读，这是不争的事实。但是，今非昔比，心境已然发生了变化，只能将一片故情放在心底，偶尔想起。

来到杭州，尽享此处的风情。湖水悠悠，心也淡然，远处的山，近处的柳，一草一木都镌刻着深情。

草木有心，人亦有情。一阵风雨而过，眼前的景好似酿成了醇香的酒，十里飘香。

烟柳画桥，缓缓而上时，仿佛自己就是那入画的景。多年后，斗转星移，黄土掩尽了风流，一切消失在了尘埃中。

鬓发苍然心浩然

树影婆娑，岁月斑驳。人生如乐，高低起伏间谱成了一首首动听的歌。

鬓发苍苍，诗情在夜间悄然升起，云霞似的文字铺满了泛黄的纸张。月高高挂在梢头，流泻的光透过窗缝转入，一地的悲欢顷刻漫上心头。

行走在风中，感受或暖或冷的温度，猛然间回首，有人饱受着风霜的摧残。于是，放慢脚步，一步步深入黑暗地带，默默坚守，点亮了原本熄灭了的灯。

长庆二年（822年），白居易刚到任上不久，便给穆宗呈上了一封《杭州刺史谢上表》。杭州这片土地，是白居易所向往的。可他未料到的是，有着西湖胜景的杭州也会遭逢大旱。

起初，白居易率领众人前往伍相庙祈天降雨。烈日当头，天空见不到半点阴云。

继而，众人头顶火炉，风尘仆仆地赶往城隍庙。可惜，天不遂人愿，雨水星星点点，苍茫大地，依然干裂如初。

后来，白居易常跑去道观。在唐代，国家大力推崇道教，道士常担任祭典一职，祈雨自然也包括在内。某日，白居易找到道观的苏炼师，与之通宵交谈。

大地龟裂，百姓深处水深火热之中，他整夜难眠，日渐消瘦。

天道自然，一时难以逆转，郁郁之际，他只能将一切写进诗里。松窗深处，药炉中升起袅袅的烟，思绪渐满，他挥笔作了篇《赠苏炼师》。

> 两鬓苍然心浩然，松窗深处药炉前。
> 携将道士通宵语，忘却花时尽日眠。
> 明镜懒开长在匣，素琴欲弄半无弦。
> 犹嫌庄子多词句，只读逍遥六七篇。

在杭州的日子虽然多闲暇，但白居易的内心深处依然存有浩然正气。花开有时，焦灼让他忘却了花期，素琴也懒得调弄。翻开庄子的大作，以期获得一丝慰藉，心绪始终难平，只挑得数篇草草收场。

成事本就不容易，何况现在是要通神降雨。不过，既然选择了前方，便只顾一路狂奔，风雨兼程。就这样，白居易又前往皋亭山，求拜山上的皋亭神仙。这次，白居易不敢怠慢，作

《祈皋亭神义》盼龙泉显灵，天降甘露。

几次三番的虔诚均无果，白居易有些倦了，他在文中语气生冷，态度强硬，命令皋亭神在五日之内布泽施雨。可叹，上天并不怜见。如此，白居易彻底大怒，在文中斥责神灵只顾冷眼旁观，直至枯萎，枉当大神！

即便如此，白居易还是没有放弃，他又率众求拜北方黑龙。这次，他极尽世间优美的措辞，虔诚祈求。他赞美黑龙，一呼一吸声势浩大，能呼风引雷，腾跃间凌超云汉。拖尾回翔时，惊起层层波涛，顿颔时如碎珠迸落，奋鬐时似细雨飞扬。

耗尽所有的心神气力，只为求得润泽大地。无奈，这次依然是一样的结果。自古人难胜天，虔诚在残酷的现实面前，简直微不足道。

炎炎烈日，花白的发仿佛要被烤焦了。拖着衰残的躯体，白居易行走在杭州四野，只见到处是逃窜的百姓。这次，他深感无助，叹息着，不忍环顾。

经考察发现，西湖的水浅，不能储存足够多的水，无法满足灌溉需要。于是，白居易心生了建长堤的想法。

西湖北有石函桥闸，南有笕决湖。修筑湖堤后，白居易经常巡查，雨季及时蓄水，旱季及时放水。水量不足时，便从临平湖引水。民间传言，放湖水对当地县官不利，县官便编织谎话向刺史进言。

长庆四年（824 年），白居易作《钱塘湖石记》，文中诘问道："或云鱼龙无所托，或云菱荇失其利。且鱼龙与生民之命孰急？菱芡与稻粮之利孰多？"在他看来，百姓的性命高于一切，做利民之事，就要不计代价。

除了修堤，白居易还专门带人疏通了城中的六井。据记载，李泌任杭州刺史时修建了六井，用阴窦之法引西湖水，使百姓便于汲水。多年后，阴窦堵塞严重，海潮时常倒灌，百姓用水十分不便。自白居易清淤后，水质如初，百姓用水困难的问题得以有效解决。

月色朦胧，杏花疏影，横卧的长堤笼上了一层薄薄的纱。金波流转，长空万里下，清光照进了千家万户。

天清月朗时，白居易在灵隐、孤山寺中漫游。林木深秀，香烟袅袅，循着钟声的方向，神秘而淡然。偶然，与友人一同欢聚，酣饮之际总会不经意间想起元稹。

长庆三年（823年）八月，元稹自同州刺史改授浙东观察使、越州刺史，白居易欣喜异常。杭、越互为近邻，两岸风光无限，往后郡楼相望，对月饮酒，想来颇有一番雅趣。当即，白居易作《元微之除浙东观察使，喜得杭越邻州，先赠长句》，以表欢欣。

稽山镜水欢游地，犀带金章荣贵身。

官职比君虽校小，封疆与我且为邻。

郡楼对玩千峰月，江界平分两岸春。

杭越风光诗酒主，相看更合与何人。

是年十月，元稹抵达杭州，白居易专门设宴相迎。酒楼之内，欢声笑语，席间推杯换盏，交谈着近来发生之事。白居易告诉元稹，钱塘湖上的景堪称一绝，它也是重要的水利枢纽，不过，钱塘湖蓄水不足，常发生旱涝灾害。他希望在任期间，尽自己所能改变现状，为百姓造福。

元稹听罢，心潮澎湃，不由得拍手叫好，他相信白居易定能当个好官，实现宏愿。他还说，自己已将《元氏长庆集》编好，日后白居易要编了《白氏长庆集》，定当亲自作序。

世事如书，人生如戏。在浙东的日子里，元稹也曾兴修水利，造福一方。他和白居易这一生，跌宕起伏，穷通不定，但二人处处相随，事事相通。这份情谊，冥冥中似乎有上天的眷顾与护佑。

相聚短暂，两个人都倍加珍惜，一同游赏杭州，纵论国事。今后，一人居浙江西，一人居浙江东，一水之隔，所幸二人心意相通。

停留三日，元稹便要启程了。孤帆远影，渐渐消失在了眼前，白居易眉头紧锁，思念如春草般横生，作了首《答微之上船后留别》，不禁有些怅惘。

烛下尊前一分手，身中岸上两回头。

归来虚白堂中梦，合眼先应到越州。

绿水悠悠，远去的离愁惊起一阵波涛，久久难息。酒入愁肠，化作滴滴相思，涌出点点泪光。

世事无常，此时一别，不知何日再会。所以，岸上的人久久凝视，船上的人频频回头。情到深处，往事不堪回首。合上眼，就当一切如同一场幻梦，抵达越州后，梦也就醒了。这样，或许不那么痛苦。

转眼入冬，山头微微有雪，波平未生浪涛。某天，萧悦和殷尧藩来到白居易的府邸。

这两个人，官位低，生活清苦，好音乐，在京主要负责音乐庆典事务。隆冬时节，他们身着单薄的衣衫，踏雪而来。白居易见状，大为惊骇，命人制作两件暖裘赠予二人。吴绵细软，柔似狐腋，白如天上云。有了暖裘，他们不必觉得寒冷，能专注于音乐了。

踏着细雪，他们转身而去。此刻，他们的身与心当是暖的。

夜深人静，白居易辗转难眠。宾客如此，天下黎民又当如何呢！思虑之际，又想起《醉后狂言，酬赠萧、殷二协律》中的狂言：

> 我有大裘君未见，宽广和暖如阳春。
> 此裘非缯亦非纩，裁以法度絮以仁。
> 刀尺钝拙制未毕，出亦不独裹一身。
> 若令在郡得五考，与君展覆杭州人。

想当年，杜甫的茅屋破败不堪，屋漏无干处，自身漂泊无依，却还想着"安得广厦千万间，大庇天下寒士俱欢颜"。如今，白居易循步而来，望得万里裘，裹四方以稳暖，愿天下无寒人。

理想与现实，总有一条难以逾越的鸿沟。但是，白居易愿意用五年的光阴去制好暖裘，让杭州的百姓过上安稳的日子。

杨柳依依，白云悠悠，来来往往的人潮不尽，白堤永久地立在杭州。从断桥到平湖秋月，堤长达千米，宽三十余米。春风过处，莺燕齐鸣，乱花缭乱，四周一派盎然的景象。

杭州这块宝地，有风月，也有风骨。千年来，温婉如初，浩然长存。

撑一把油纸伞，穿梭在长长的小巷，回眸时凝望，猛然想起苏轼曾说"故乡无此好湖山"，才觉江南胜景，确然已烙刻在了人们的心中。

自别钱塘山水后

漫步在夕阳下，湖水荡漾，岁月静好。

春日，看万山红遍，漫江碧透，闲来撑一支桨，游荡在山水之间。面朝着青天，吟一首诗，将岁月揉进碧波，诗情舒散在云端。

彩船之上，侍从恭敬地立侍左右，只听得鼓乐声不绝如缕。

钱塘自古繁华，自然也少不了人间风月。烟波飘渺，瀚海浮沉，一草一木渐渐地远了，消失在了天边。

长庆四年（824 年）五月，白居易任满，转除太子右庶子，分司东都。离开，早已成为必然，没有转圜的余地，只是没想到一切来得如此之快。

那一天，杭州城的百姓纷纷出动，携着壶浆相送。上了船，只见岸边人潮涌动，或挥手告别，或静默凝视。白居易的不舍藏在心底，眼眶泛红，略感潮湿。浪潮翻来覆去，心潮汹涌之际，他写下了一首《别州民》。

> 耆老遮归路，壶浆满别筵。
>
> 甘棠无一树，那得泪潸然。
>
> 税重多贫户，农饥足旱田。
>
> 唯留一湖水，与汝救凶年。

在杭州任上，白居易自觉无建树而惭愧，泪眼瞬间模糊了视线。此地，赋税严苛，多贫困的农户，干旱频发，百姓经常饱受饥荒。任期有限，心力不足，他能留下的，只有这片海海的湖水。他心中所愿，如今只能是为他们消除旱灾。

征途风烟弥漫，管弦呜咽，皇恩只允许他住三年。静默间，风凌乱了他的白发，如沟似壑的脸更显沧桑。

秋日时分，一抹晚烟轻笼着山川，几只乌鸦在老树上停留。放眼望去，满山红叶，白草横生，一地的黄花堆积。一场萧瑟一场凉，天地换了模样，朝堂也早已变了天。

长庆四年（824年）正月二十二日，唐穆宗服丹药而卒，年仅三十岁。而后，时年十六岁的太子李湛即位，是为敬宗，次年为宝历元年。

未接到圣旨前，白居易一度庆幸远离京城，自在潇洒。毕竟，少帝昏庸，宰相李逢吉祥和宦官王守澄玩弄职权，任用亲信，大唐日薄西山，希望渺茫了。可如今，他被召回京城，前路如何，一切不得而知。

抵达洛阳后，白居易在履道里买了一处旧宅，后得知是已故散骑常侍杨凭的宅邸。庭院达十亩，门庭无陈杂，竹径清幽，碧池中微波荡漾。山石错落有致，古朴而典雅，漫步其中，顿觉心旷神怡。巧的是，好友崔群的家就在庭院之南。

宝历元年（825年）春，白居易修葺宅院，河南尹王起多加资助，甚至为他特意在水池上建造了一座小桥。想当年，他们同为京城的校书郎，在朝为官确实颇有交情。

春风徐来，伫立在深深的庭院中，望着流光下的桥、柳上的枝芽，听着石间泉流的脆响，白居易满怀暖意，写下了《题新居呈王尹，兼简府中三掾》。

> 弊宅须重葺，贫家乏美财。
>
> 桥凭川守造，树倩府僚栽。
>
> 朱板新犹湿，红英暖渐开。
>
> 仍期更携酒，倚槛看花来。

天气渐暖，红英盛开，白居易期待着老友王起携酒而来。待到那时，凭栏而立，举杯共饮，共赏园中花开的盛景。

自从搬进新居，白居易忙着栽树培花，闲来吟风弄月，整日乐在其中。

不久，三弟白行简抵达洛阳一叙，他满心欢喜。把酒言欢时，兴之所至，白居易告诉三弟新春修葺新居的事。当年被贬江州，他在庭院栽满了松树，虽非在京都，也不觉得疲累。

现在回到洛阳，在自家土地上建自己的府宅，得更为重视。所以，每日清晨时分，白居易带领仆役动工，移花徙竹，一一亲自指挥。

春日尚好，池水变绿色，群芳在清光下熠熠生辉。隔窗而望，心有了归属，万物甚觉可爱动人。

是年，白行简五十岁，加朝散大夫，着绯袍，恰与自己当年同龄。听着三弟升迁的消息，白居易甚为欣慰，只是自己却无心再为官了。

他直言，如今寄居在洛阳，一切安好。庭院景色宜人，清凉之日，夜深幽寂，烦闷时读书，弹琴随心而弄。有好友来访，一同出游作乐，慵懒度日。年岁渐老，发已稀白，休官也该慢慢提上日程。何况，有庄可居，俸钱尚余，如果真能隐退，也不会受饥寒之苦。

说着，白居易又将自己在杭州任上写的《自咏五首》递予三弟看。

朝亦随群动，暮亦随群动。荣华瞬息间，求得将何用。
形骸与冠盖，假合相戏弄。但异睡著人，不知梦是梦。

一家五十口，一郡十万户。出为差科头，入为衣食主。
水旱合心忧，饥寒须手抚。何异食蓼虫，不知苦是苦。

公私颇多事，衰惫殊少欢。迎送宾客懒，鞭答黎庶难。

老耳倦声乐，病口厌杯盘。既无可恋者，何以不休官。

一日复一日，自问何留滞。为贪逐日俸，拟作归田计。
亦须随丰约，可得无限剂。若待足始休，休官在何岁。

官舍非我庐，官园非我树。洛中有小宅，渭上有别墅。
既无婚嫁累，幸有归休处。归去诚已迟，犹胜不归去。

行简看罢，大抵知晓了兄长的想法。朝野动荡，荣华瞬息变幻，为官颇多事，身躯日渐衰惫，欢乐愈来愈少。原来，归去之心萌生已久，那颗心时刻骚动着。

孰料，天不遂人愿，宝历元年（825年）三月四日，白居易被任为苏州刺史。

林花遍野，春风绿了一江水。过汴州，任绵软的流水汩汩向前，白居易在五月五日终抵达苏州。

初来乍到，一切并不轻松。每日清晨，白居易早早来到府衙处理案件，日落黄昏时才伴着星月归家。晚间，一袭瘦影默然前行着，略显悲凉。

既来之，则安之。他在《苏州刺史谢上表》中提出将赋税责任到个人，人人平等。纵使身体有所不适，依然兢兢业业。比如，修建"七里山塘"，便于交通。再如，在堤岸种植桃李等。

自开了虎丘一带的山路，水陆之间往来频繁，经常可以看到有人牵着骄马，也可以看到有人乘坐花船。春日来时，桃李争奇斗艳，荷叶田田，荷花艳艳。从堤岸边走过，神清气爽，一派生机盎然的景象。

日升月落，物换星移。多年以后，当地的百姓为了纪念白居易，专门建了白居易祠。

几分凉薄，几分暖意，时光飞逝而去，不变的是人们心中的一片深情。无数次的回眸，只求在历史的烟云里窥得一丝先贤的真容，可叹世事沧桑，今昔的距离终究太远。捡拾起浪涛中遗留下的诗句，才恍然大悟他的自由风骨，可归根结底也是一个平凡的人。

思念在漫延，穿越山海，超越了时空。此时，他在苏州想念着元稹，心底多悲凉。偶然，他又想起与刘禹锡的唱和之作，泛起归去的涟漪。

刘禹锡，与元稹的关系向来较好。到了晚年，白居易与之来往频繁，成为至交。他曾在《答刘和州禹锡》中写道：

> 换印虽频命未通，历阳湖上又秋风。
> 不教才展休明代，为罚诗争造化功。
> 我亦思归田舍下，君应厌卧郡斋中。
> 好相收拾为闲伴，年齿官班约略同。

秋风又起，病体缠身。思归，有对朝堂风云变幻的厌倦，多少也饱含年老体衰的无力感。

是年，白居易眼疾严重，告假百日。这样一来，假期满后，必然会被罢免苏州刺史。果真到了九月，他接到了返京的圣旨。十月，一家人踏上了返还的征程。

此刻，刘禹锡恰好自夔州刺史转和州刺史，也要返回洛阳。途经扬州时，白居易与刘禹锡相逢了。

天涯沦落，至此相遇，内心的凄凉与激动溢于言表。酒宴之上，停杯投箸，四顾之下，白居易有些怅然若失。刘禹锡深知，宦海浮沉，兼济天下绝非易事，毕竟他已被贬谪二十三年。脚不能至，心向往之，这种无可奈何的苦涩，他饱尝过。不过，乐观豁达的刘禹锡想得开，同时也劝诫友人抖擞精神，振作起来。

秋山明净，烟横树色。醉酣之际，二人饮杯添酒，把箸击盘，愁绪渐消。

红尘来去无踪，人潮看似熙攘，多少暗夜里满是凄惶。人生在世，知音难觅，遇上了便要珍惜。白居易的前半生有元稹，后半生有刘禹锡。无论机遇如何，生活总归值得。

后来，两个人相约登栖灵塔，在高层高谈阔论。驻足于九层塔之上，倚靠着栏杆，半月悠悠，清风疏淡，欢声笑语惹得游人举眼而观。这一天，白居易兴致盎然，怀着满心的欣喜与自豪作了首《与梦得同登栖灵塔》。

半月悠悠在广陵，何楼何塔不同登。
共怜筋力犹堪在，上到栖灵第九层。

曹操曾言"老当益壮"，历经宦海浮沉，他们的身上还是有不服老的精气神。

这一年，几番辗转，有无可奈何，有欣喜，也有哀伤与落寞。

自四弟、长兄相继离世，便只剩下白居易与三弟白行简相互扶持。如今，听得三弟离去的噩耗，他再也难掩痛苦之色，不禁泪如泉涌。

寒风呼啸，白雪纷纷而落，整个世界结了冰，感受不到一丝温暖。

生离与死别，是人生的必修课，经历得多了，也便有了抗体。但在层层剥落之下，如刀绞般痛心，孤独感油然而生。

这一年，终究是不太平的一年。十二月，宦官刘克明等人弑杀唐敬宗，江王李昂即位，是为文宗。次年，改年号为大和。

岁月无痕，人去花落。留待在人间的日子步入倒计时，大唐气数将尽，功业无果，闲云野鹤的生活不知何时了，怎一个愁字了得！

一度思卿一怆然

来路已成过去，满地荆棘，不堪回首。前路是雾，是风，还是雨雪冰霜，不得而知。

余下的路，慢慢走，将思念熬成红豆，邀明月清风同行，且看人生起落，悲欢离合。

进退，只是选择。风骨，一直镌刻在文人的骨骼。这一程，有太多的忧伤，需要伤口渐渐愈合。

世事如风，该面对时不忘却，不闪躲。运命，一半在天，一半在自我。长空万里，桂影婆娑，清光不知何时而来。一退再退，远离官场纷扰，在清净处不忘为黎民点亮一条星河。独善其身，兼济天下，愿拥有陶渊明的洒脱，却终难抵如杜甫般忧国忧民的赤诚。

余下的路，失去的太多，步步沉沦在思念的漩涡，怆然泪下。

唐文宗即位后，裴度与韦处厚为相，白居易除秘书监。大和二年（828年），白居易转刑部侍郎。朝堂瞬息万变，他已然看透，不愿再陷入其中，加之身体每况愈下，故上奏请百日病假。

次年，白居易与裴度往来酬和，与崔玄亮、元稹相会。而后得一子，名为阿崔。惆怅中添了几笔欢愉，白居易大为欣慰。可一切似乎早已埋下伏笔，只待悲伤骤然袭来。

大和五年（831年）夏末，不过三岁的阿崔夭折了。悲伤涌上心头，化作一把锋利的剑直入肝肠，不见血迹，却早已千疮百孔。白居易哀痛难忍，满脸辛酸泪。

运命无常，难以捉摸，更无法掌控。寂静的长夜里，他默然坐着，不说话，满腹惆怅与相思。那一瞬间，他想起了西晋年间的邓攸，不禁感慨万千，作了首《哭崔儿》。

> 掌珠一颗儿三岁，鬓雪千茎父六旬。
> 岂料汝先为异物，常忧吾不见成人。
> 悲肠自断非因剑，啼眼加昏不是尘。
> 怀抱又空天默默，依前重作邓攸身。

邓攸，西晋人，有弟早亡，遗留下一小儿。任河东太守时，适逢动乱，胡人入侵京城。见状后，他带妻儿及侄子四处逃难。行进途中，箪筐无法载两小儿，便抛弃儿子，带着侄子逃到了江南。晋元帝知道他一直赤胆忠诚，便对他器重有加，风光无限。可人人都说，上天不公，让如此的忠良没了子嗣。

风起，泪眼婆娑。行行清泪，沾湿了衣衫，在月光下显得格外晶莹透亮。白居易心底的伤，一层一层地凝成了霜，在春日里悄然降落。他借邓攸自比，一边埋怨运命不公，一边自我疏导。可，岁月凉薄，人生有太多的无常，大雨倾盆而下，叶残花败，落满了庭院中的池塘。

七月，热浪滚滚，窗外了无生机。悲痛还在，偶然又添一段新伤。二十二日，元稹在武昌任上突然暴毙而亡，终年不过五十三岁。

听得噩耗，白居易悲恸欲绝，满身的血液翻腾着，全然慌了神。不过，失去的已然失去，无法挽回。寂静的夜里，烛火摇曳，孤影单薄，饮一杯清酒，老泪纵横。

是年八月，元稹的灵柩归返洛阳，白居易前往吊唁。望着沉眠的老友，他伫立着，沉默了好久，突然不禁哭出声来。"金石胶漆，未足为喻，死生契阔者三十载"，这是白居易在《祭微之文》中的肺腑之言。

贞元年间，他们相识结缘，而后历经宦海沉浮，行止通塞，各自一处。不过，有诗以交，遥遥相隔间多酬和，反而加深了彼此间的情谊。

四海之内，知音难觅，知交难得。无疑，白居易是幸运的，只怪命运过于苛刻。三界之中，生死有命，四海之内，终有一别。念及此，白居易引酒再奠，手扶着棺，声声泪下。那些天，他每每夜不能寐，在寝门外的廊下，作《哭微之二首》。

八月凉风吹白幕，寝门廊下哭微之。

妻孥朋友来相吊，唯道皇天无所知。

文章卓荦生无敌，风骨英灵殁有神。

哭送咸阳北原上，可能随例作灰尘。

有些伤，不是随着时间的流逝便会愈合。有些人，随着岁月长河而入了骨，生生难忘。八月的凉风，吹不尽白居易心中滚烫的相思。尘埃肆起，漫天的愁云惨淡不堪，泪眼模糊。

后来，他把相思继续研成墨，一笔一画，慎重地写成诗，烙在心间。

后来很多年，白居易都难忘元稹，每每想起都会悲痛欲绝。会昌元年（841年）的一天，白居易想起元稹常吟咏卢子蒙的诗，便前往拜访卢子蒙。谈笑间提及此事，卢子蒙拿来往日所作诗篇，白居易情难自禁，泪眼婆娑。原来，其间多是与元稹唱和的诗作，字字句句，戳中了白居易的心脏，悲情间新增几分遗憾。

于是，白居易坚定地提起笔，在卷后写了《览卢子蒙侍御旧诗，多与微之唱和，感今伤昔，因赠子蒙，题于卷后》这首诗。

昔闻元九咏君诗，恨与卢君相识迟。

今日逢君开旧卷，卷中多道赠微之。

相看泪眼情难说，别有伤心事岂知？

闻道咸阳坟上树，已抽三丈白杨枝。

十年生死，世事苍茫。如今，咸阳坟头白杨树上的枝叶葳蕤，有三丈长。伫立在夕阳下，任长月下的流水静静在心头攒涌。

人已离去，满身悲怆。悲欢离合，是世间常态。遗憾泯于尘埃，在空白处添上浓墨重彩的一笔，也算曾经参与过对方的人生。

历经生死沉浮，白居易对官位愈加淡漠。大和九年（835年）九月，唐文宗任白居易为同州刺史，他托病请辞，后刘禹锡代任。是年十一月二十一日，发生甘露之变，宦官仇士良血屠宰相及朝官，京师动荡。所幸，白居易置身于党争之外，逃过一劫。

次年，唐文宗改元，白居易任太子少傅分司法东都，较为闲暇，游香积寺、访旧友、自在安然。

开成三年（838年）春，裴度送给白居易一匹马，二人曾谈天说地，次年三月却天人永隔。裴度卒时，年七十五岁。无常忽然而至，令白居易深感惆怅。他也曾想炼丹求得长寿，最终作罢。运命难定，自有安排，他决定坦然面对。

是年十月，白居易患风痹之病，家中生计窘困，不得不卖马放伎。他在《病中诗十五首》序言中曾言："开成己未岁，余蒲柳之年六十有八。冬十月甲寅旦，始得风痹之疾，体矜目眩，左足不支，盖老病相乘时而至耳。"

遣散家伎，实属无奈。那天，樊素与小蛮为他歌《杨柳曲》，情深一片，不愿离去。可白居易深知自己年年衰瘦，不忍婀娜伴醉翁。最终，她们含泪向门前走去，其间频频回首。望着她们远去的背影，白居易的心空空如也，有些落寞。分别有时，深情绝非无底线地占有，他自有分寸。久久凝视间，偶然喃喃自语道：

柳老春深日又斜，任他飞向别人家。

谁能更学孩童戏，寻逐春风捉柳花。

春深人老，飞花飘零。世事何时能了？他一直自问，却不得答案。他有些倦了，想要潇洒度过余生。既然世事不能了，那自己便做了事人。

开成五年（840年）正月，唐文宗崩逝，弟李炎即位，为武宗，次年改元。会昌元年（841年），白居易第三次告假请辞，假满官罢，自得其乐。本以为，一切尘埃落定，孰料风雨悄然而至。

会昌二年（842年）七月，刘禹锡溘然长逝，时年七十一岁。如果说元稹陪伴了他前半生，那么刘禹锡便温暖了他寒凉的后半生。

自亲友一一离去，刘禹锡与白居易常往来唱和。开成二年（837年）春，他们一同参与裴度盛邀的春宴，席间还有河南李尹。那一天，群英集结，饮酒赋诗，潇洒快意。席间，刘禹锡先作《三月三日与乐天及河南李尹奉陪裴令公泛洛禊饮各赋二十韵》，白居易作《忆江南三首》，以寄对江南的想念。

江南好，风景旧曾谙。日出江花红胜火，春日江水绿如蓝。能不忆江南？

江南忆，最忆是杭州。山寺月中寻桂子，郡亭枕上看潮头。何日更重游！

江南忆，其次忆吴宫。吴酒一杯春竹叶，吴娃双舞醉芙蓉。早晚复相逢！

往事一幕幕浮现在眼前，越是回忆，越是想念。

望着刘禹锡沉睡的面庞，白居易掩面泣不成声。

金波流转，长月依旧。白日如常，一样出游赏杏花，黑夜里眉头紧锁，提笔在泛黄的纸上写尽了思念。此后，离开的人没了牵挂，留下的人整日活在了梦魇之中，如真似幻。

白居易，不过是寻常之人，会疲倦，会悲伤。然而，他心底的灯从未熄灭，始终如一。

会昌三年（843 年），白居易任刑部尚书，享有半俸。次年夏，他施尽家财，又靠筹集的钱财开凿龙门八节石滩，船夫得以顺利通行。"我身虽殁心长在，暗施慈悲与后人"，这是他在《开龙门八节石滩诗二首·其二》中说的话。此时，他已白发苍苍，衰朽不堪，可那颗济世的心，依旧滚烫而赤诚。

会昌六年（846 年）八月，白居易怀着这颗不变的心，病逝于洛阳，葬在香山如满师塔之侧，时年七十五岁。白居易逝后，河南尹卢贞为其刻碑，名为《醉吟先生传》，立于碑侧。一时间，四方百姓纷纷前来拜祭，泪雨倾盆而下，墓前由此成了泥潭。

是年，唐武宗驾崩，宦官扶皇太叔李忱即位，为宣宗。宰相白敏中上奏为白居易请谥号"文"，赠尚书右仆射，并以《吊白居易》一诗吊唁：

> 缀玉联珠六十年，谁教冥路作诗仙。
>
> 浮云不系名居易，造化无为字乐天。
>
> 童子解吟长恨曲，胡儿能唱琵琶篇。
>
> 文章已满行人耳，一度思卿一怆然。

遥望苍茫大地，沉浮间乾坤不定，白居易已然埋于泉下。斗转星移间，泥土销蚀了他肉骨，可他的诗文千古流传。

岁月斑驳，诗心犹存，风骨犹在。伴着清风，洒向泱泱山河，落在了一个叫杜牧的诗人身上。

烟雨朦胧中，撑着一叶扁舟，就着寒水，靠近秦淮河岸。笙歌艳舞，饮一杯凉薄的酒，落笔而下，延续着白居易未写完的诗篇。

轻轻地，他走了。轻轻地，他又来了。

以诗为名，此心朗如皓月，镌刻在了万古山河，亘古绵延。

参考文献

赵瑜.人间要好诗 [M].北京：作家出版社，2013.

朱丹红.孤负青山心共和：白居易 [M].北京：北京工业大学出版社，2013.

白居易.白居易诗 [M].北京：中华书局，2013.

孙明君.白居易诗选 [M].北京：人民文学出版社，2015.

薇薇.唐诗是一曲风流：白居易诗传 [M].北京：时事出版社，2015.

翟叶.白居易：相逢何必曾相识 [M].北京：北京燕山出版社，2019.

白居易诗文 [M].上海：上海辞书出版社，2020.

马宁川.唐代诗人小传 [M].武汉：长江文艺出版社，2020.

杨武凤、刘敬堂.白居易传 [M].北京：中国文史出版社，2022.

随园散人.白居易传：我生本无乡，心安是归处 [M].北京：台海出版社，2022.

张炜.唐代五诗人 [M].北京：人民文学出版社，2022.